일본어 마스터로 가는 새로운 길라잡이

2ND EDITION

다락원

뉴코스

일본어

STEP 6

조영남·채성식·아이자와 유카·나카자와 유키·고마쓰 나나 공저

다락원

머리말

"구슬이 서말이라도 꿰어야 보배?"

본 『다락원 뉴코스 일본어』시리즈의 머리말을 뜬금없이 속담으로 시작한 데에는 시리즈의 구성, 나아가 외국어 학습의 본질과 관련된 나름의 이유가 있습니다.

시리즈의 후반부에 해당하는 「Step 4·5·6」은, 전반부인 「Step 1·2·3」을 통해 일본어의 기초를 다진 학습자를 대상으로, 보다 상급 레벨의 일본어 구사를 위해 필수적인 '회화 능력의 향상'을 주된 목표로 하고 있습니다. 일본어를 처음 접하는 학습자가 단시간 내에 효율적으로 일본어에 익숙해질 수 있도록 다양한 문법 항목과 어휘, 표현 등에 관한 지식 전달에 주안을 둔 것이 「Step 1·2·3」이라면, 「Step4·5·6」은 이들이 실생활에서 '언제, 어디서, 어떻게' 사용되고 있는가를 (회화)장면별·기능별로 분류·제시함으로써 종합적이면서도 실전적인 일본어 능력의 배양을 꾀하고 있습니다.

혹자는 외국어를 학습함에 있어 '언어몰입교육(Language immersion)'의 중요성을 재삼 강조하곤 합니다. 종래의 단순 암기, 주입식 위주의 외국어 학습법에서 벗어나 학습자가 해당 외국어를 자연스럽게 체득할 수 있는, 말 그대로 그 '언어에 몰입'할 수 있는 학습 환경(예를 들어, 영어마을 등)을 조성·제공해야 한다는 것이 본연의 취지입니다. 이러한 '언어몰입교육'이 여타 학습법과 크게 차별화되는 부분은 무엇보다도 학습자가 지닌 파편화된 언어능력을 유기적으로 결합시켜 외국어 학습의 지상 과제인 '모어 화자와의 자연스러운 의사소통'을 실현시키는 데 있다고 해도 과언이 아닙니다.

'구슬(파편화된 언어능력)'과 '보배(의사소통 능력)'는 전혀 이질적인 대상은 아니지만, 그렇다고 해서 이들이 단순히 요소(要素)와 집합(集合)의 관계를 맺고 있다고만 볼 수도 없습니다. 문법, 어휘, 표현 등에 관한 지식이 아무리 풍부하다 하더라도 그 단순합이 탁월한 의사소통 능력으로 그대로 이어지는 경우는 극히 드물기 때문입니다. 결국 '1+1=2'가 아닌 '1+1+α=2'라는 목표하에 변수 'α'를 도출해 가는 과정이야말로 바로 '구슬을 꿰어 보배로 만들어가는 작업'일 것이며, 이는 본 『다락원 뉴코스 일본어』 「Step 4·5·6」이 추구하는 궁극의 과제임과 동시에 꼭 담보하고자 하는 내용이기도 합니다.

본 『다락원 뉴코스 일본어』 「Step 4·5·6」은 난이도 측면에서는 '초·중급(Step4)', '중급(Step 5)', '상급(Step 6)'으로 구성되어 있으며, 내용·형식적 측면에서는 '장면별 회화(Step 4)', '기능별 회화(Step 5)', '프리토킹(Step 6)'의 순으로 구성되어 단계별 학습과 상황별 학습이 유기적으로 맞물려 입체적으로 진행될 수 있도록 하였습니다. 특히 '프리토킹(Step 6)'에서는 12항목의 大주제를 설정하는 한편 각 항목별로 복수의 小주제를 두어 다양한 화제를 통해 실제적인 회화 능력을 함양할 수 있는 틀을 마련하고 있습니다.

아무쪼록 본 『다락원 뉴코스 일본어』 시리즈가 일본어 학습에 있어 '구슬'을 '보배'로 만드는 데 일조하는 믿음직한 도우미로 자리매김할 수 있기를 진심으로 바라 마지않습니다. 마지막으로 초판부터 개정판 간행에 이르기까지 물심양면으로 성원해주신 ㈜다락원 정규도 대표이사님과 저희의 졸고를 옥고로 다듬어주신 일본어 출판부 여러분들께 감사의 말씀을 드립니다.

저자 일동

교재의 구성과 특징

1. 이 책은 『다락원 뉴코스 일본어』 시리즈의 6단계 교재입니다.

2. 회화 상급 교재로, 흥미로운 12가지 주제의 프리토킹으로 구성되어 있습니다.

3. 총 12과이며, 각 과는 「ウォーミングアップ」「フリートーキング 1」「フリートーキング 2」「表現を広げよう」「ディベート」「みんなで考えよう」「単語チェック」로 이루어져 있습니다.

4. 부록에는 「ウォーミングアップ」「フリートーキング 1」「フリートーキング 2」「表現を広げよう」「みんなで考えよう」의 모범답안과 해석, 참고 자료를 실었습니다.

5. MP3 파일에는 「フリートーキング 2」「表現を広げよう」의 내용을 실었습니다.

ウォーミングアップ

간단한 질문과 퀴즈를 풀며 각 과에서
배울 내용을 생각해 봅니다.

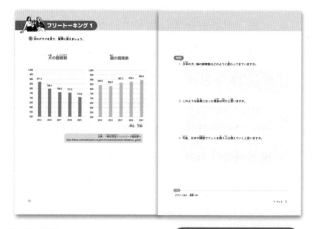

フリートーキング 1

주제에 맞게 제시된 자료를 보고
질문에 답해 봅니다.

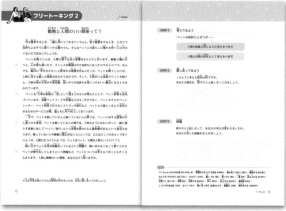

フリートーキング 2

각 과의 주제에 대한 글을 읽고 자신의 감상과
의견을 정리해 말해 봅니다.

「フリートーキング2」에 나온 중요
문법 사항을 정리하고 복습합니다.

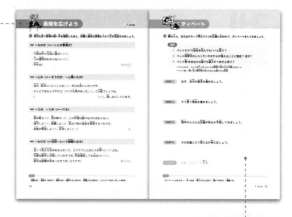

みんなで考えよう

짝 또는 그룹을 이뤄 게임 활동을 한 뒤,
학습 내용을 응용하여 발표해 봅니다.

ディベート

제시된 논제에 대해 두 가지 입장
으로 나뉘어 토론을 해 봅니다.

単語チェック

각 과에서 알아 두어야 할 단어들을 테마별로
뽑아 정리했습니다. 외운 단어를 확인할 수
있는 체크 박스가 표시되어 있습니다.

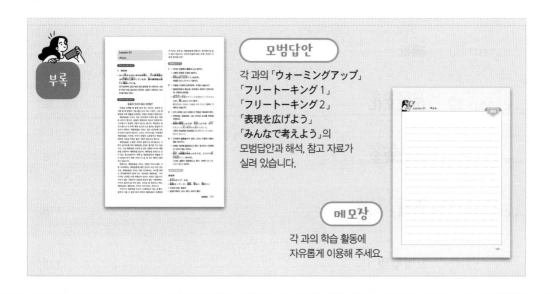

부록

모범답안

각 과의「ウォーミングアップ」
「フリートーキング1」
「フリートーキング2」
「表現を広げよう」
「みんなで考えよう」의
모범답안과 해석, 참고 자료가
실려 있습니다.

메모장

각 과의 학습 활동에
자유롭게 이용해 주세요.

차례

프리토킹

Lesson

01

ペット

애완동물은 단순한 동물이 아니라 어느덧 가족과도 같은 존재로 자리잡고 있습니다.
여러분은 애완동물에 대해 어떤 생각을 가지고 있나요?
이 과에서는 애완동물과 관련하여 다양한 소주제로 이야기해 봅시다.

質問を読んで、答えを選んでください。選んだ理由も話しましょう。

1 動物は好き？嫌い？

① 好き

② 嫌い

③ 好きでも嫌いでもない

④ 種類による

2 子供のころから今まで、育てたことがあるのは？

① 昆虫

② 魚

③ 動物(犬、猫、鳥など)

④ ない

3 環境が許せば、育ててみたいペットは？

① 犬

② 猫

③ 魚(金魚、熱帯魚など)

④ 希少動物 (　　　　　　　　　)

4 あなたが訪ねたレストランにペット連れのお客さんがいたら？

① うれしい

② 気にならない

③ 席を離してもらう

④ ほかの店に行く

단어

昆虫 곤충 | **希少動物** 희소 동물 | **ペット連れ** 애완동물 동반

フリートーキング 1

💡 次のグラフを見て、質問に答えましょう。

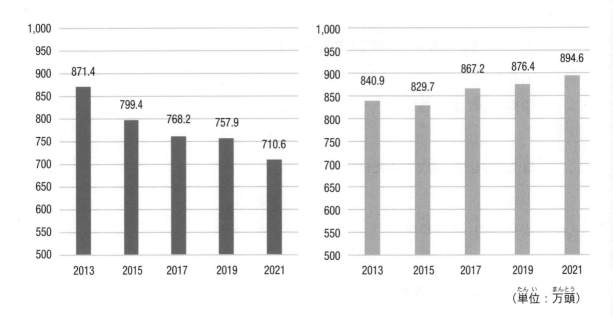

犬の飼育数

年	数値
2013	871.4
2015	799.4
2017	768.2
2019	757.9
2021	710.6

猫の飼育数

年	数値
2013	840.9
2015	829.7
2017	867.2
2019	876.4
2021	894.6

（単位：万頭）

出典：一般社団法人ペットフード協会調べ
https://www.animaldonation.org/environment/domestic/database_jppet/

1　日本の犬 / 猫の飼育数はどのように変わってきていますか。

2　このような結果になった理由は何だと思いますか。

3　今後、日本や韓国でペットを飼う人は増えていくと思いますか。

グラフ 그래프 ┃ 飼育 사육

動物と人間のいい関係って？

　外を散歩するとき、一緒に歩いてくれるワンちゃん。家で読書をするとき、となりで気持ちよさそうに寝てくれる猫ちゃん。そんなペットとの暮らしに憧れを持つ人は少なくないのではないでしょうか。

05　ペットを飼うことは、人間に様々な良い影響をもたらすと言います。動物と触れ合うと、心が落ち着いたり、ストレスが軽減された気持ちになったりするものです。なんでも、脳内に「幸せホルモン」と呼ばれる物質が出るんだとか。ペットを飼うことには、人間に対する癒しの効果があるそうなのです。そして、子供がいる家庭でペットを飼うと、子供が命の大切さや責任感、思いやりの気持ちを身につけるいい機会になるとも言われています。

10　ペットを「大事な家族の一員」として迎え入れる人が増えたことで、ペット産業も活気づいています。高級ペットフードや洋服などのモノだけでなく、ペットホテルやペットシッター、ペット同伴で行けるレストランや旅行など、ペットとの暮らしをより充実させるためのサービスが質、量ともに年々向上してきています。

　一方で、ペットを飼っている人と飼っていない人の間では、ペットに対する感覚が少し違うのも事実。ペットを飼っている人の間では、子供のようにかわいがって一緒に暮らす家族に対して「ペット」「飼う」という表現を使われると違和感があるという意見もあります。飼っていない人や動物に関心がない人にとっては、どんなにしつけがよくできていようが、人間になついていようが、ペットはペット、人間は人間というわけです。

　飼い主やペット自身が高齢化しているという問題や、飼いきれなくなって捨てられた20　ペットが野生化してしまうという問題など、ペットについては考えるべきこともたくさんあります。人間と動物のいい関係、あなたはどう思いますか。

★上の文章を読んでどんな感想を持ちましたか。自由に話し合ってみましょう。

STEP 1　考えてみよう

「ペットは家族だ」と言うが……

> 人間の家族と同じように考えるべきだ

> 人間とは別の存在として考えるべきだ

STEP 2　話し合ってみよう

1のように考える理由は何ですか。
あなたの意見を、周りの人と話し合ってみましょう。

STEP 3　結論

周りの人と話し合って、あなたの考えは変わりましたか。
あなたの出した結論をまとめましょう。

단어

ワンちゃん 강아지(애정을 담아 부르는 말) ｜ 影響をもたらす 영향을 초래하다 ｜ 触れ合う 맞닿다, 접하다 ｜ 軽減する 줄어들다 ｜
なんでも 무엇이든지, 잘은 모르나 ｜ ホルモン 호르몬 ｜ 癒し 치유, 힐링 ｜ 思いやり 배려 ｜ 一員 일원 ｜ 迎え入れる 맞이하다 ｜
活気づく 활기 띠다 ｜ 同伴 동반 ｜ 充実する 충실하다 ｜ 年々 해마다 ｜ 向上する 향상하다 ｜ 違和感 위화감 ｜
しつけ 예의범절을 가르침 ｜ なつく 따르다 ｜ 飼い主 사육주, (동물의) 주인 ｜ 高齢化 고령화 ｜ 野生化する 야생화하다

表現を広げよう

💡 例文を見て表現の使い方を確認したあと、空欄に適当な言葉を入れて文を完成させましょう。

🌱 ～ものだ（＝～ことが普通だ）

- 子供は外で元気に遊ぶものだ。
- 人の運命はわからないものだ。
- 学生は（　　　　　　　　　　　　　　　　　　　　　）ものだ。

🌱 ～とか（＝～そうだが・～と聞いたが）

- 来月、東京にいらっしゃるとか。ぜひお会いしたいです。
- テレビで見たんですけど、パリで火事があったとか。ご心配でしょうね。
- （　　　　　　　　　　　　　　　　　）とか。楽しみにしています。

🌱 ～うが、～うが（＝～ても）

- 雨が降ろうが、雪が降ろうが、この作業は続けなければならない。
- 進学しようが、就職しようが、私は子供の意思を尊重するつもりだ。
- 家族が賛成しようが、反対しようが、（　　　　　　　　　　　　　　）。

🌱 ～わけだ（＝当然～という結論になる）

- 先輩は海外に出張しているそうだ。何度電話しても出ないわけだ。
- 近くで花火大会があるんだって。どうりでこんなに人が多いわけだよね。
- 彼女は結婚が決まったそうだ。どうりで（　　　　　　　　　　）わけだ。

📘 단어

空欄 공란 ｜ **適当だ** 적당하다 ｜ **運命** 운명 ｜ **進学する** 진학하다 ｜ **尊重する** 존중하다 ｜ **どうりで** 어쩐지, 과연, 그 때문에

ディベート

💡 隣の人と、またはグループ同士で2つの立場に分かれて、ディベートをしてみましょう。

議題

1 ペットロス*で会社を休んでもいいと思う？

2 ペット同伴可のレストランやホテルが増えることに賛成？ 反対？

3 ペット税*をあなたの国でも導入すべきだと思う？

* ペットロス：ペットが亡くなったことが原因で体や心が不調になること
* ペット税：飼い主に責任感を持たせるため課される税金

STEP 1 まず、自分の意見を書きましょう。

_____

_____

STEP 2 そう思う理由を書きましょう。

_____

_____

STEP 3 相手からどんな反論が来るか予想してみましょう。

_____

_____

STEP 4 その反論にどう答えるか考えましょう。

_____

_____

STEP 5 さあ、ディベート開始！

단어

ディベート 논쟁, 토의 | ～可 가능함 | 導入する 도입하다 | 課す 부과하다 | 開始 개시

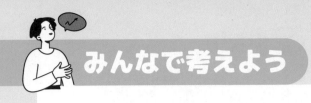
次の手順で「動物占い」をしてみましょう。

動物占い

やりかた

1 日本のインターネットサイトに「動物占い」と入力して、動物占いのサイトを検索する。

2 自分のタイプと結果を書く。結果はキーワードで書く。

3 結果についてグループで話し合う。

| さる | チーター | 黒ひょう | ライオン | トラ | たぬき |

| コアラ | ゾウ | ひつじ | ペガサス | オオカミ | こじか |

▶ 自分のタイプ

▶ 結果(キーワード)

▶ グループで話し合った内容

단어

手順 순서 | **占い** 점 | **黒ひょう** 흑표범 | **ペガサス** 페가수스 | **こじか** 새끼 사슴

16

単語チェック
단어체크

알고 있는 단어들을 네모 안에 체크해 봅시다.

●● **1류 동사**

☐ 課す(かす)

☐ 活気づく(かっきづく)

☐ なつく

☐ 触れ合う(ふれあう)

●● **2류 동사**

☐ 迎え入れる(むかえいれる)

●● **3류 동사**

☐ 軽減する(けいげんする)

☐ 向上する(こうじょうする)

☐ 充実する(じゅうじつする)

☐ 進学する(しんがくする)

☐ 尊重する(そんちょうする)

☐ 導入する(どうにゅうする)

☐ 野生化する(やせいかする)

●● **な형용사**

☐ 適当だ(てきとうだ)

●● **부사**

☐ どうりで

☐ なんでも

●● **애완동물**

☐ 飼い主(かいぬし)

☐ 希少動物(きしょうどうぶつ)

☐ 飼育(しいく)

☐ しつけ

☐ ペット連れ(ペットづれ)

☐ ワンちゃん

●● **기타**

☐ 一員(いちいん)

☐ 癒し(いやし)

☐ 違和感(いわかん)

☐ 占い(うらない)

☐ 運命(うんめい)

☐ 思いやり(おもいやり)

☐ 〜可(〜か)

☐ 開始(かいし)

☐ 空欄(くうらん)

☐ グラフ

☐ 高齢化(こうれいか)

☐ 昆虫(こんちゅう)

☐ ディベート

☐ 手順(てじゅん)

☐ 同伴(どうはん)

☐ 年々(ねんねん)

☐ ホルモン

●● **숙어표현**

☐ 影響をもたらす(えいきょうをもたらす)

AI 時代
じ だい

오늘날 우리 생활에는 인공지능, 스마트폰, 인터넷이 큰 영향을 끼치고 있습니다.
만약 이러한 것들을 갑자기 사용할 수 없게 된다면 어떨까요?
이 과에서는 AI 시대와 관련하여 다양한 소주제로 이야기해 봅시다.

質問を読んで、答えを選んでください。選んだ理由も話しましょう。

1 スマートフォンで一番よくすることは？

① メッセージのやりとり   ② 検索

③ SNS   ④ ゲーム

2 もし一週間インターネットができなくなったら？

① 別に支障はない   ② 少し不便に感じる

③ むしろうれしい   ④ 生きていけない

3 友達にメッセージを送りましたが、返事がありません。どう思う？

① 気にならない   ② 悲しい

③ 心配になる   ④ 腹が立つ

4 仮想空間にキャラクターを作るなら、どんなキャラにする？

① 自分とそっくりなキャラ   ② 架空の女性キャラ

③ 架空の男性キャラ   ④ 人間以外のキャラ

단어

検索 검색 | **支障** 지장 | **仮想空間** 가상 공간 | **キャラクター(キャラ)** 캐릭터 | **架空** 가공

次の絵を見て、質問に答えましょう。

AIが登場してもなくならないと言われている職種

営業職

介護職

保育士

教員

データ分析者

カウンセラー

医者・看護師

アスリート

1 これらの職種のうち、「なくならない」ということに共感_{きょうかん}できるものはどれですか。
その理由_{りゆう}は？

2 これらの職種のうち、「なくならない」ということに共感できないものはどれですか。
その理由は？

3 「なくならないと言われている職種」に共通_{きょうつう}することは何_{なん}だと思_{おも}いますか。

단어

職種 직종 | **データ分析者_{ぶんせきしゃ}** 데이터 분석가 | **介護_{かいご}** 개호, 간호 | **カウンセラー** 카운슬러 | **アスリート** 운동 선수 |
共感する_{きょうかん} 공감하다

便利なオンライン生活

　新型コロナウイルス(COVID-19)の世界的流行をきっかけにして、急速に発達したオンラインでの活動。当初は戸惑いの声が多く聞かれましたが、今や生活に自然に溶け込んでいます。

　たとえば、リモートでの授業や会議では、マイクやカメラをオンにしてコミュニケーションをとることはもちろん、ホワイトボードやブレイクアウトルームといった機能を駆使しながらかなり高度な作業をすることも可能です。非対面で行うことによって感染予防になるほか、通勤・通学時の混雑の緩和にもつながると言われています。

　さらに、オンラインでの活動を対面での活動の代替手段として消極的にとらえるのではなく、むしろオンラインの方がいい、と考えている人もいます。埼玉県在住の会社員、小島さんもその一人。自宅から参加するリモート会議では、会議が終われば退出し、すぐに自分の業務に戻れるので効率がいいし、化粧や服装に気を使う必要もなく、急な用件があれば時間を選ばずに打ち合わせができることもメリットだと言います。大学生の安田さんは、オンライン講座が増えたことで世界各国の学生達と交流を持つ機会が増えたと喜んでいます。

　このような意見がある反面、やはり実際に人と人が会ってこそ真の交流ができると考える人もいます。都内の会社員、河合さんは、「会議の前後に何となく交わす雑談の中で仕事のアイディアが生まれることもある。そもそもオンラインでは相手と目を合わせることができないし、深いコミュニケーションができない」と主張します。

　一方で、昨今のオンラインツールに至っては、オンラインの世界の中にリアルな人間関係を築こうとする動きも見られます。さて今後、私たちはどのようにオンラインの世界とオフラインの世界を生きていけばいいのでしょうか。

★上の文章を読んでどんな感想を持ちましたか。自由に話し合ってみましょう。

STEP 1　考えてみよう

人と人が直接会うオフラインでの活動は、今後……

| 増えた方がいい | 減った方がいい | 今のままがいい |

STEP 2　話し合ってみよう

1のように考える理由は何ですか。また、具体的にどのような活動ですか。
あなたの意見を、周りの人と話し合ってみましょう。

STEP 3　結論

周りの人と話し合って、あなたの考えは変わりましたか。
あなたの出した結論をまとめましょう。

단어

新型コロナウイルス 신형 코로나 바이러스 ｜ **当初** 당초 ｜ **戸惑い** 당혹감 ｜ **今や** 이제는, 바야흐로 ｜ **溶け込む** 융화하다, 동화하다 ｜

リモート 원격 ｜ **ホワイトボード** 화이트보드 ｜ **ブレイクアウトルーム** 브레이크아웃룸, 소그룹 회의를 할 수 있는 채팅방 ｜

駆使する 구사하다 ｜ **感染予防** 감염 예방 ｜ **緩和** 완화 ｜ **代替** 대체 ｜ **〜在住** ~거주 ｜ **退出する** (근무처 등에서) 물러나다 ｜

業務 업무 ｜ **効率** 효율 ｜ **メリット** 메리트, 장점 ｜ **世界各国** 세계 각국 ｜ **都内** (도쿄) 도내 ｜ **交わす** 주고받다 ｜ **雑談** 잡담 ｜

そもそも 애초, 원래 ｜ **昨今** 요즘 ｜ **ツール** 도구, 수단 ｜ **リアルだ** 사실적이다 ｜ **築く** 쌓다, 구축하다 ｜ **動き** 움직임

表現を広げよう

💡 例文を見て表現の使い方を確認したあと、空欄に適当な言葉を入れて文を完成させましょう。

🌱 ～といった（＝～のような / 並列）

・この店では、寿司や天ぷらといった日本料理を楽しめる。
・この学校は、タイやマレーシアといった東南アジアからの留学生が多い。
・深夜のアルバイトというと、（　　　　　　　　　　）や（　　　　　　　　　　）
　といった仕事を思い浮かべる人が多い。

🌱 ～によって（＝～で / 手段・方法）

・話し合いによって解決できない問題はない。
・男性が育児に参加することによって、女性の育児ストレスを軽減させることができる。
・弁護士の仲介によって、無事（　　　　　　　　　　　　　　　）。

🌱 ～反面（＝一面では～と考えられるが、別の面から見ると）

・兄は人に優しい反面、自分にはとても厳しい。
・この薬はよく効く反面、副作用があるため注意が必要だ。
・「ありがとう」と言われ、嬉しい反面（　　　　　　　　　　　　　　）。

🌱 ～に至っては（＝～の状況になってしまうと）

・貧しい農民に至っては、食べ物すらない。
・別居するに至っては、離婚はもはや時間の問題だ。
・今回の試験は悪かった。
　特に、数学の試験に至っては、（　　　　　　　　　　　　　　　　）。

단어

思い浮かべる 회상하다, 연상하다 | **育児** 육아 | **仲介** 중개 | **副作用** 부작용 | **～すら** ~마저, ~조차 | **別居する** 별거하다 |

もはや 이미, 벌써

ディベート

隣の人と、またはグループ同士で２つの立場に分かれて、ディベートをしてみましょう。

議題

1 目上の人への大事な相談があるとき、直接会って伝えるべき？
電話やメールで伝えるべき？
2 インターネット上で仲良くなった人と直接会うことに賛成？反対？
3 AIは人間の能力を超えるという意見に同意する？

STEP 1　まず、自分の意見を書きましょう。

STEP 2　そう思う理由を書きましょう。

STEP 3　相手からどんな反論が来るか予想してみましょう。

STEP 4　その反論にどう答えるか考えましょう。

STEP 5　さあ、ディベート開始！

단어

インターネット上 인터넷상

みんなで考えよう

💡 下の絵は、マンガ「ドラえもん」で紹介された22世紀の未来の道具です。
次の手順で、話してみましょう。

未来の道具

やりかた

1　A〜Hを見て、「役に立ちそうだ」と思うものを３つ決める。（130ページ参照）
2　グループで投票して、一番人気が高いものを探す。
3　一番人気があったものについて、その道具でどんなことができるか、
　　どうして一番役に立つか、話し合う。
4　クラスで発表する。

A あとからアルバム	**B** エスパーぼうし	**C** 隠れマント	**D** ほんやくこんにゃく

E ビッグライト	**F** タイムカプセル	**G** どこでもドア	**H** 逆時計

단어

投票する 투표하다 ｜ **エスパー** 초능력자 ｜ 隠れマント 투명 망토

알고 있는 단어들을 네모 안에 체크해 봅시다.

1류동사
- ☐ 交わす(かわす)
- ☐ 築く(きずく)
- ☐ 溶け込む(とけこむ)

2류동사
- ☐ 思い浮かべる(おもいうかべる)

3류동사
- ☐ 共感する(きょうかんする)
- ☐ 駆使する(くしする)
- ☐ 退出する(たいしゅつする)
- ☐ 投票する(とうひょうする)
- ☐ 別居する(べっきょする)

な형용사
- ☐ リアルだ

부사
- ☐ 今や(いまや)
- ☐ もはや

직종
- ☐ アスリート
- ☐ カウンセラー
- ☐ 職種(しょくしゅ)
- ☐ データ分析者(データぶんせきしゃ)

온라인
- ☐ インターネット上(インターネットじょう)
- ☐ 仮想空間(かそうくうかん)
- ☐ 検索(けんさく)
- ☐ リモート

기타
- ☐ 育児(いくじ)
- ☐ 動き(うごき)
- ☐ 介護(かいご)
- ☐ 架空(かくう)
- ☐ 感染予防(かんせんよぼう)
- ☐ 緩和(かんわ)
- ☐ キャラクター / キャラ
- ☐ 効率(こうりつ)
- ☐ ～在住(～ざいじゅう)
- ☐ 昨今(さっこん)
- ☐ 雑談(ざつだん)
- ☐ 支障(ししょう)
- ☐ ～すら
- ☐ そもそも
- ☐ 代替(だいたい)
- ☐ ツール
- ☐ 当初(とうしょ)
- ☐ 戸惑い(とまどい)
- ☐ 副作用(ふくさよう)
- ☐ メリット

03

きょう　いく
教育

교육은 학력의 향상뿐 아니라 잠재 능력과 소질을 길러 주는 중요한 수단입니다.

여러분은 교육에서 가장 중요한 것이 뭐라고 생각하나요?

이 과에서는 교육과 관련하여 다양한 소주제로 이야기해 봅시다.

質問を読んで、答えを選んでください。選んだ理由も話しましょう。

1 校則の中で変わってほしいものは？

① 制服の規定 ② 登校時間

③ 携帯電話の使用規定 ④ アルバイトの規定

2 クラス(学科)のリーダーになってほしい人は？

① 勉強がよくできる人 ② スポーツがよくできる人

③ カリスマがある人 ④ 自分と一番仲がいい人

3 子供のしつけ、一番に教えたいことは？

① 他人に迷惑をかけない ② あいさつをする

③ うそをつかない ④ 約束を守る

4 グローバル人材育成において、特に重視すべきと思うものは？

① 語学力 ② 課題解決能力

③ 異文化理解力 ④ 情報活用能力

단어

校則 교칙 | **制服** 교복 | **規定** 규정 | **登校** 등교 | **リーダー** 리더 | **カリスマ** 카리스마, 권위 | **グローバル** 글로벌 | **人材** 인재 |
育成 육성 | **異文化** 이문화

💡 IQ（知能指数）のように知識に偏重しがちな教育に警鐘を鳴らすものとして、EQ教育*が
関心を集めています。あなたのEQ度をチェックしたあと、質問に答えましょう。
（131ページ参照）

（131ページ参照）

* EQ：自分の感情を上手にコントロールする能力

スタート

物事は優先順位を
つけてテキパキと
片付ける

→ イエス

人から相談を
もちかけられる
ことが多い

→ イエス

困っている人を
みると、すぐ
助けたくなる

↓ ノー

日課はいったん
決めたら最後まで
やりとおすことに
している

→ イエス

ジョークなどで
周りの雰囲気を
和やかにするの
が得意だ

→ イエス

相手の嫌がること
は口に出さない

↓ ノー ↓ ノー ↓ イエス イエス

いつでも相手の
話を聞く側に
まわることができる

→ イエス

努力は必ず報われ
ると思う

年下の人とも対等
に付き合おうとする

↓ ノー ↓ ノー イエス ↓ ノー ↓ イエス

EQ下位圏　　EQ平均圏　　EQ上位圏　　EQ最上位圏

1 EQ度チェックの結果を見て、自分に当てはまると思いましたか。
_{けっ か} _み _{じ ぶん} _あ

2 EQ教育が重要視されるようになったのはどうしてだと思いますか。
_{じゅうよう し}

3 人の痛みがわかる子供に育てるためにはどんな働きかけが必要だと思いますか。
_{いた} _{こ ども} _{そだ} _{はたら} _{ひつよう}

단어

偏重する 편중되다 | **警鐘** 경종 | **鳴らす** 울리다 | **テキパキと** 척척 | **相談をもちかける** 상담해 오다 | **やりとおす** 끝까지 하다 |
和やかだ 온화하다 | **口に出す** 말로 하다 | **まわる** 입장을 바꾸다 | **報う** 갚다, 보답하다 | **対等だ** 대등하다 | **下位圏** 하위권 |
平均圏 평균권 | **上位圏** 상위권 | **最上位圏** 최상위권 | **重要視する** 중요시하다 | **働きかけ** 작용, 행동

教育のひとつの選択肢「飛び級」

　子供の年齢にかかわりなく、学力に合わせた勉強ができる制度である「飛び入学」や「飛び級」。8歳の大学生がニュースになったり、特別な才能を持った主人公が子供なのに高校に通うという設定のマンガがあったりして、目にしたことがある人も多いでしょう。

　しかしこれは、実際には日本では実現不可能な話です。日本では、義務教育である小学
05　校、中学校では飛び級が認められていないのです。理数系の学科に限り、高校2年生が受験できる大学が一部ありますが、とても珍しいケースです。大学で何を学んだかよりも出身大学名が重視される日本社会では、飛び級は進学競争をよりいっそうあおることになると懸念されているためです。一方で、横並び主義の教育では個性やずばぬけた才能が育たない、という意見もあります。

10　飛び級制度が導入されている国のひとつ、フィンランドでは進学競争はほとんどありません。フィンランドでは、人とくらべてどうこうではなく、あくまで自分自身のために学んでいるという意識が強いので、学力に問題があると教師から指摘された場合には生徒自ら留年を希望するケースも多いそうです。留年することは恥ずかしいことなどではなく、自分に合った教育を受けるためのひとつの手段と認識されており、留年を選択した若
15　者は、周囲からも「落ちこぼれ」とは見なされず、むしろ「意欲がある」と教師やクラスメイトから評価されるといいます。反対に、飛び入学や飛び級も「自分を高めるひとつの選択肢」として受け止められています。

　果たして、飛び級は「人より先に進む手段」なのでしょうか、「自分を高めるひとつの選択肢」なのでしょうか。みなさんは、どう考えますか。

20

★上の文章を読んでどんな感想を持ちましたか。自由に話し合ってみましょう。

考えてみよう

あなたは「飛び入学」や「飛び級」に……

賛成だ

反対だ

STEP 2 **話し合ってみよう**

1のように考える理由は何ですか。
本文の例や、あなたが知っている例を挙げながら具体的に話してみてください。

STEP 3 **結論**

周りの人と話し合って、あなたの考えは変わりましたか。
あなたの出した結論をまとめましょう。

단어

選択肢 선택지 | **飛び級** 월반 | **飛び入学** 어린 나이에 상급 학교로 진학함 | **才能** 재능 | **目にする** 보다 | **理数系** 이과 계열 |

よりいっそう 보다 한층 더 | **あおる** 선동하다, 부추기다 | **懸念する** 염려하다 | **横並び主義** 평등 관계에 기반한 안일주의 | **個性** 개성 |

ずばぬける 빼어나다 | **あくまで** 어디까지나 | **自ら** 스스로 | **留年** 유급, 낙제 | **落ちこぼれ** 뒤처진 사람 | **見なす** 간주하다 |

むしろ 오히려 | **意欲** 의욕 | **高める** 고양하다, 높이다 | **受け止める** 받아들이다 | **果たして** 과연 | **挙げる** (예로) 들다

3 教育 33

表現を広げよう

♪ MP3 **07**

💡 例文を見て表現の使い方を確認したあと、空欄に適当な言葉を入れて文を完成させましょう。

🌱 ～にかかわりなく（＝～に関係なく）

・このサイトでは、購入金額にかかわりなく送料は全て無料だ。
・入会するしないにかかわりなく、お気軽にご連絡ください。
・成績の優劣にかかわりなく、誰でも入れる学習塾を探している。
・このイベントは、(　　　　　　　　　　　　　　　)にかかわりなく誰でも参加できる。

🌱 ～に限り（＝～だけは）

・この駐車場は、観光バスに限り、利用することができる。
・本日に限り、先着30名様に生ビールをサービスいたします。
・インターネットで登録した方に限り、年会費は免除いたします。
・本展覧会は、(　　　　　　　　　　　　　　　)に限り、無料で入場できます。

🌱 ～など（＝～のようなもの）

・今夜は寒くて、夜景見物などできそうにない。
・考え方は人それぞれだから、批判などするつもりはない。
・ワサビが効いていない寿司など、まずくて食べられない。
・彼は、私の言うことなど(　　　　　　　　　　　　　　　)。

단어

お気軽に 부담 갖지 말고 | **優劣** 우열 | **学習塾** 보습 학원 | **先着** 선착, 선착순 | **年会費** 연회비 | **免除** 면제 | **夜景** 야경

ディベート

💡 隣の人と、またはグループ同士で2つの立場に分かれて、ディベートをしてみましょう。

議題

1 中学、高校の図書室にマンガを置くことに賛成？ 反対？
2 英語習得のために小学生が海外留学することに賛成？ 反対？
3 海外の大学のような「入学は広き門、卒業は狭き門」という考えに賛成？ 反対？

STEP 1 まず、自分の意見を書きましょう。

STEP 2 そう思う理由を書きましょう。

STEP 3 相手からどんな反論が来るか予想してみましょう。

STEP 4 その反論にどう答えるか考えましょう。

STEP 5 さあ、ディベート開始！

단어

図書室 도서실 | **広き門** 넓은 문 | **狭き門** 좁은 문

💡 これは、ある私立中学の入試問題の一例です。次の手順でやってみましょう。

中学入試問題

やりかた

1　1人で問題を解いてみる。

2　ペア / グループで答えを発表し合う。それぞれの答えが違う場合は、一番いい答えを探す。

3　ペア / グループで1つ、答えを発表する。

質問　「親子丼定食」の図を見て、質問1、2に答えなさい。

鶏肉　7%
みつば　100%
卵　11%
米　100%
しょうゆ　0%
砂糖　28%
みりん　95%

かつおだし　94%
みそ　35%
豆腐　31%

白菜　100%

（%は日本の自給率を表しています）

資料：農林水産省HP

質問1　もし外国から輸入できなければ、もっとも影響を受けるものを3つ挙げなさい。

質問2　この図からわかる日本の農水産業の問題点について、意見を述べなさい。

단어

入試 입시 | 親子丼 닭고기 계란덮밥 | 図 그림 | みつば 파드득나물 | 卵 계란 | しょうゆ 간장 | みりん 요리술 |
かつおだし 가다랑어포를 우린 국물 | 豆腐 두부 | 白菜 배추 | 自給率 자급률 | 農林水産省 농림수산성 | 輸入 수입

単語チェック
단어체크

알고 있는 단어들을 네모 안에 체크해 봅시다.

●● 1류동사

□ あおる
□ まわる
□ 見なす(みなす)
□ 報う(むくう)
□ やりとおす

●● 2류동사

□ 挙げる(あげる)
□ 受け止める(うけとめる)
□ ずばぬける
□ 高める(たかめる)

●● 3류동사

□ 懸念する(けねんする)
□ 重要視する(じゅうようしする)

●● な형용사

□ 対等だ(たいとうだ)
□ 和やかだ(なごやかだ)

●● 부사

□ あくまで
□ 果たして(はたして)
□ 自ら(みずから)
□ むしろ
□ よりいっそう

●● 학습, 학교

□ 落ちこぼれ(おちこぼれ)
□ 学習塾(がくしゅうじゅく)

□ 校則(こうそく)
□ 制服(せいふく)
□ 図書室(としょしつ)
□ 入試(にゅうし)
□ 優劣(ゆうれつ)
□ 理数系(りすうけい)
□ 留年(りゅうねん)

●● 음식

□ 親子丼(おやこどん)
□ かつおだし
□ しょうゆ
□ 豆腐(とうふ)
□ 白菜(はくさい)

●● 기타

□ 異文化(いぶんか)
□ 意欲(いよく)
□ 警鐘(けいしょう)
□ 個性(こせい)
□ 才能(さいのう)
□ 自給率(じきゅうりつ)
□ 輸入(ゆにゅう)

●● 숙어표현

□ 相談をもちかける
　(そうだんをもちかける)
□ 目にする(めにする)

Lesson

04

イベント

명절이나 기념일, 학교 행사 등 여러 가지 이벤트는 우리의 생활에 활력과 재미를
주기도 합니다. 여러분은 어떤 이벤트를 가장 좋아하나요? 그 이유는 무엇인가요?
이 과에서는 이벤트와 관련하여 다양한 소주제로 이야기해 봅시다.

ウォーミングアップ

質問を読んで、答えを選んでください。選んだ理由も話しましょう。

1 日本の年中行事で知っているものは？

① 成人式　　　　　　　　　　② 節分

③ ひな祭り　　　　　　　　　④ 七五三

成人式　　　　　　節分　　　　　　ひな祭り　　　　　七五三

2 一年のうちで、あなたが一番好きなイベントは？

① お正月　　　　　　　　　　② バレンタインデー

③ クリスマス　　　　　　　　④ 自分の誕生日

3 学校のイベントや行事で楽しみだったものは？

① 校外学習　　　　　　　　　② 定期テスト

③ 体育祭　　　　　　　　　　④ 文化祭

4 あなたの住んでいる街でやってほしいイベントは？

① 好きなアーティストのコンサート

② 世界の食を楽しめるフードイベント

③ アニメや漫画のコスプレイベント

④ 今注目の芸術家のアートイベント

단어

お正月 정월 | **バレンタインデー** 밸런타인데이 | **校外学習** 교외 학습 | **アーティスト** 아티스트 | **フード** 푸드 |

コスプレ 코스프레(코스튬 플레이의 준말) | **アート** 아트, 예술, 미술

次のグラフを見て、質問に答えましょう。

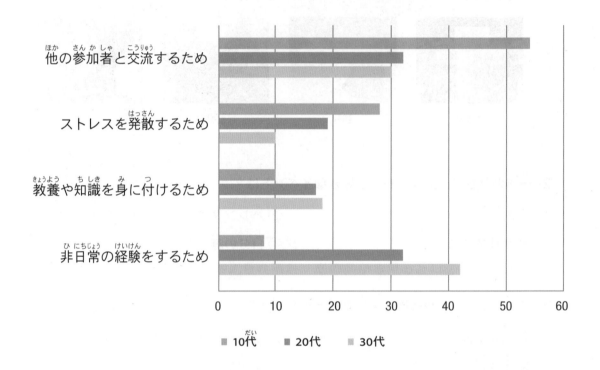

イベントに参加する理由

他の参加者と交流するため

ストレスを発散するため

教養や知識を身に付けるため

非日常の経験をするため

0　10　20　30　40　50　60

■ 10代　■ 20代　■ 30代

1 イベントに参加する理由は、年代が上がるにつれて、どのように変化しますか。

2 10代と比べ、20代、30代の方がより「非日常の経験」を求めるのはなぜだと思いますか。

3 グラフから見て、10代を対象にイベントをするなら、どんなイベントがいいと思いますか。

発散する 발산하다

自分へのご褒美

　誕生日、クリスマス、バレンタインデーなど、一年にはさまざまなイベントがありますね。スポーツ大会のような趣味を楽しむためのイベントもあれば、日ごろの感謝の気持ちや愛情を伝えるためのイベントもあります。父の日や母の日、親しい人の誕生日など、プレゼントをあげるようなイベントでは相手の喜ぶ顔を思い浮かべて自分まで嬉し

05 くなったり、逆に何をあげようか何日も悩んでしまったりします。また、自分の誕生日にどんなプレゼントをもらえるのかドキドキすることも、イベントの醍醐味でしょう。

　ところで、イベントでのプレゼントのあり方が時代とともに変化しているのをご存じですか。例えばバレンタインデー。日本でバレンタインデーが広まったのは1950～60年ごろ。チョコレート会社の商品戦略として、女性が男性にチョコレートを渡して気持

10 ちを伝える日として定着しました。ところが、それと同時に、会社の上司や同僚男性への、気持ちを伴わないチョコレート、いわゆる「義理チョコ」を渡す習慣も生まれました。職場の男性全員に義理チョコを渡すのは大変なこと。この習慣は女性にとって負担になると批判されたこともあって、1990年後

15 半ごろからだんだん少なくなっていきました。

　それに代わるように盛んに行われるようになったのが「友チョコ」です。好きな男性にあげるのではなく、仲のいい友達同士でチョコレートを交換するのです。そして、それがさらに進化したのが、「自分チョコ」。自分のために、普段は食べられない高級チョコレートなどを購入するご褒美チョコだそうです。「自分チョコ」を購入する人は年々増え

20 ていて、今では女性ばかりでなく、男性も自分用に購入する人がいるほどの人気だそうです。チョコレート売り場に並ぶ、まるで芸術作品を見ているかのような美しいチョコの数々。自分用に購入したくなる気持ちも分かります。

★上の文章を読んでどんな感想を持ちましたか。自由に話し合ってみましょう。

考えてみよう

おいしそうな高級チョコレート、誰にあげたいですか。

友達や恋人	自分

話し合ってみよう

1のように考える理由は何ですか。

また、チョコレートをあげる対象が、男性から友達、自分と変わってきたのはどうしてだと思いますか。周りの人と話し合ってみましょう。

結論

今後、バレンタインデーはどのようなイベントになっていくでしょうか。

予想して、話してみましょう。

단어

ご褒美 포상, 보상 | **日ごろ** 평소 | **醍醐味** 묘미, 참다운 맛 | **あり方** 실상, 본연의 모습 | **広まる** 널리 퍼지다 | **商品戦略** 상품 전략 |

定着する 정착하다 | **上司** 상사 | **義理チョコ** 남자 상사나 동료에게 의리로 주는 초콜릿 | **盛んだ** 활발하다, 왕성하다 |

友チョコ 친구에게 선물하는 초콜릿 | **~同士** ~끼리 | **購入する** 구입하다 | **数々** 수가 많음, 여러 가지

表現を広げよう

例文を見て表現の使い方を確認したあと、空欄に適当な言葉を入れて文を完成させましょう。

🌱 ～こともあって（＝～という理由もあって）

・子供の教育費のこともあって、今月から仕事を増やすことにした。
・病弱なこともあって、彼は幼いころから外で遊んだことがない。
・連休だったこともあって、（　　　　　　　　　　　　　　　　　　　）。

🌱 ～ばかりでなく（＝～だけでなく）

・有名な観光地ばかりでなく、静かな田舎の生活も見たい。
・その方法は、費用がかさむばかりでなく、非効率的だ。
・今日は、（　　　　　　　　　　　　　　）ばかりでなく、熱もあるし、食欲もない。

🌱 ～ほど（＝～ぐらい）

・素敵なバッグがあったので値段を見たら驚くほど高かった。
・イベントを開いたら、信じられないほどの人が集まった。
・試合で念願の勝利を果たし、（　　　　　　　　　　　　　）ほど嬉しかった。

🌱 ～かのような（＝～ような）

・一瞬、まるで別世界にいるかのような思いがした。
・ロボットは、自分の意思があるかのような動きで周囲を驚かせた。
・彼は今日初めて会うのに、（　　　　　　　　　　）かのような態度で話してくる。

단어

病弱だ 허약하다 ｜ **幼い** 어리다 ｜ **連休** 연휴 ｜ **かさむ** 늘어나다, 불어나다 ｜ **非効率的だ** 비효율적이다 ｜ **素敵だ** 아주 멋지다 ｜

念願 염원 ｜ **勝利** 승리 ｜ **一瞬** 한순간 ｜ **周囲** 주위

ディベート

💡 隣の人と、またはグループ同士で2つの立場に分かれて、ディベートをしてみましょう。

議題

1 お正月に家族と過ごさないで友達と海外旅行に行くのはあり？ なし？
2 商品戦略として作られたイベント、楽しければもっと増えてもいい？
3 修学旅行を学校行事として行うべき？ なくすべき？

STEP 1　まず、自分の意見を書きましょう。

STEP 2　そう思う理由を書きましょう。

STEP 3　相手からどんな反論が来るか予想してみましょう。

STEP 4　その反論にどう答えるか考えましょう。

STEP 5　さあ、ディベート開始！

단어

あり (긍정적으로 판단할 수) 있음 ｜ なし (긍정적으로 판단할 수) 없음 ｜ **修学旅行** 수학여행

みんなで考えよう

💡 **次の手順で話してみましょう。**

イベント企画

やりかた

1 3人以上のグループになって、イベントを企画する。

2 みんなの前でプレゼンテーションをする。

3 自分ならどのイベントに参加したいかを決める。一番人気のイベントを企画したグループが勝ち！

もうすぐ大学祭があります。あなたは大学祭のイベント企画係で、学校側からもらえる資金は50万ウォンです。資金をうまく活用して、たくさんの学生を集められる、楽しい企画を考えてください。

▶ 企画のターゲットは？

▶ どんなイベントにする？

▶ お金はどこにどのように使う？配分を考えてみよう。

▶ イベントをどのようにみんなに知ってもらう？

▶ 特にアピールしたいポイントは？

단어

企画 기획 | **プレゼンテーション** 프레젠테이션 | **大学祭** 대학 축제 | **～係** ~담당(자) | **資金** 자금 | **ターゲット** 타깃 |
配分 배분 | **アピールする** 어필하다 | **ポイント** 포인트

単語チェック
단어체크

알고 있는 단어들을 네모 안에 체크해 봅시다.

1류동사

- □ かさむ
- □ 広まる(ひろまる)

3류동사

- □ アピールする
- □ 購入する(こうにゅうする)
- □ 定着する(ていちゃくする)
- □ 発散する(はっさんする)

い형용사

- □ 幼い(おさない)

な형용사

- □ 盛んだ(さかんだ)
- □ 素敵だ(すてきだ)
- □ 非効率的だ(ひこうりつてきだ)
- □ 病弱だ(びょうじゃくだ)

이벤트

- □ お正月(おしょうがつ)
- □ 校外学習(こうがいがくしゅう)
- □ コスプレ
- □ 修学旅行(しゅうがくりょこう)
- □ 大学祭(だいがくさい)
- □ バレンタインデー

기타

- □ アーティスト
- □ アート
- □ あり方(ありかた)
- □ 一瞬(いっしゅん)
- □ 〜係(〜がかり)
- □ 数々(かずかず)
- □ 企画(きかく)
- □ ご褒美(ごほうび)
- □ 資金(しきん)
- □ 周囲(しゅうい)
- □ 上司(じょうし)
- □ 商品戦略(しょうひんせんりゃく)
- □ 勝利(しょうり)
- □ ターゲット
- □ 醍醐味(だいごみ)
- □ 〜同士(〜どうし)
- □ 念願(ねんがん)
- □ 配分(はいぶん)
- □ 日ごろ(ひごろ)
- □ フード
- □ プレゼンテーション
- □ ポイント
- □ 連休(れんきゅう)

<ruby>美<rt>び</rt></ruby><ruby>容<rt>よう</rt></ruby>

美容

사람들은 외모를 가꾸기 위해서 화장, 다이어트, 안티에이징 시술 등 많은 노력을 기울입니다.
여러분은 외모를 가꾸기 위한 노력을 해 본 적이 있나요?
이 과에서는 미용과 관련하여 다양한 소주제로 이야기해 봅시다.

ウォーミングアップ

💡 質問を読んで、答えを選んでください。選んだ理由も話しましょう。

1 初対面の人の外見で、あなたが一番気にするものは？

① 服装　　　　　　　　　② ヘアスタイル

③ 化粧　　　　　　　　　④ つめ

2 今日は大切な約束があるけれど、寝坊をしてしまい、身だしなみを整える時間が
ありません。どうする？

① そのまま行く　　　　　② 遅刻してでも身支度する

③ 電車で身だしなみを整える　④ 着いてからトイレで身だしなみを整える

3 身だしなみを整えないで、どこまで行ける？

① どこまででもオッケー　② 近くのスーパーまで

③ ゴミ捨て場まで　　　　④ どこにも外出できない

4 次のうち、美容に一番いいと思うものは？

① 野菜　　　　　　　　　② 美容クリーム

③ サプリメント　　　　　④ 睡眠

단어

初対面 초대면, 처음 만남 | **外見** 외견, 외모 | **服装** 복장 | **ヘアスタイル** 헤어 스타일 | **身だしなみ** 몸가짐, 차림새 |
整える 정돈하다 | **身支度** 몸단장 | **ゴミ捨て場** 쓰레기장 | **サプリメント** 서플리먼트, 영양 보조제

💡「最も効果があったダイエット方法」を表すグラフを見て、上位2つに当てはまる項目を考えてみてください。また、質問にも答えましょう。

最も効果があったダイエット方法(複数回答)

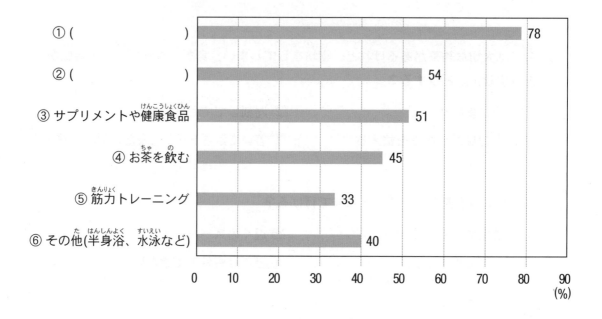

① (　　　　　　　　　) 78
② (　　　　　　　　　) 54
③ サプリメントや健康食品 51
④ お茶を飲む 45
⑤ 筋力トレーニング 33
⑥ その他(半身浴、水泳など) 40

0　10　20　30　40　50　60　70　80　90
(%)

1 あなたがしてみたことのあるダイエット方法は左_{ひだり}のグラフにありますか。
また、ダイエットをしたことがないなら、その理由_{りゆう}も教_{おし}えてください。

2 左のグラフの順番_{じゅんばん}について、どう思_{おも}いますか。

3 「健康的_{けんこうてき}なダイエット方法とは何_{なに}か」について、話_{はな}し合_あいましょう。

美しい中高年とは?

「いつまでも美しくありたい」と思うのは、今や女性だけではありません。男性用化粧品も飛ぶように売れるほど、男性も美容に気を使う時代となりました。特に、30代を過ぎた中高年には、アンチエイジングを売りにした商品は常に人気で、若さを保つというのが男女共通の目標となっています。

05　そんな中、中高年女性向けの美容雑誌を発行している出版社が主催した「美しい熟女コンテスト」が世間の注目を集めました。このコンテスト、参加資格は35歳以上の女性。水着審査もあるのですが、中には60歳で参加した主婦もいて、堂々としたビキニ姿を披露しました。優勝した46歳の主婦は「20代にしか見えない、奇跡の46歳」として、たびたびテレビや雑誌に取り上げられました。このコンテストについて、同世代の女性からは「若い

10　女の子と張り合ってみっともない」「若作りは痛い」「美容よりも、夫や子供にもっと関心を向けるべきだ」などの批判が相次ぎましたが、これに対して美容好きの女性は「ただいつまでもきれいでいたいだけなのに、何が悪いのか」「主婦の趣味が美容というだけで、誰にも迷惑をかけていない」と応戦。ネット上で大論争となりました。

　若い男性からは、「年齢に背いて若作りをしている女性はまるで年をとるのが悪いこ

15　とと思っているように見え、年齢を重ねた女性としての魅力を感じない」という意見が聞かれます。結局は「年相応が一番」ということなのでしょう。しかし、個人の自由が認められ、各世代が持つ年齢に対する感覚も異なる現代、「年相応」とは何を指すかも曖昧になってきています。

　年をとることは悪いことでしょうか。また、それを隠そうとすることはおかしいことな

20　のでしょうか。みなさんの考えはどうですか。

★上の文章を読んでどんな感想を持ちましたか。自由に話し合ってみましょう。

考えてみよう

中高年女性 / 男性の容姿は……

| 若く見えた方がいい | 年相応の方がいい |

STEP 2 話し合ってみよう

1のように考える理由は何ですか。

また、「若い」「年相応」の容姿とは何か、具体的に話し合ってみましょう。

STEP 3 結論

周りの人と話し合って、あなたの考えは変わりましたか。「年をとること」と「若さ」の関係について、あなたの出した結論をまとめましょう。

단어

中高年 중장년 ┃ **売れる** 팔리다 ┃ **アンチエイジング** 안티에이징 ┃ **売りにする** 세일즈 포인트로 삼다 ┃ **常に** 항상 ┃ **保つ** 유지하다 ┃
熟女 30대~50대 사이의 성숙한 매력이 있는 여성 ┃ **世間** 세간, 세상 ┃ **堂々とした** 당당한 ┃ **~姿** ~모습 ┃ **披露する** 피로하다 ┃
たびたび 종종 ┃ **取り上げる** 다루다 ┃ **張り合う** 겨루다, 경쟁하다 ┃ **みっともない** 꼴사납다 ┃
若作り 나이보다 젊게 보이도록 하는 화장이나 옷차림 ┃ **痛い** 보기 싫다 ┃ **相次ぐ** 잇따르다 ┃ **応戦** 응전 ┃ **背く** 어기다, 거스르다 ┃
重ねる 거듭하다, 쌓아 올리다 ┃ **年相応** 나이에 상응함 ┃ **異なる** 다르다 ┃ **曖昧だ** 애매하다 ┃ **隠す** 숨기다

表現を広げよう

💡 **例文を見て表現の使い方を確認したあと、空欄に適当な言葉を入れて文を完成させましょう。**

🌱 ～として（=～の立場で）

・こんな調子では、政治家として未熟だと言われても仕方ない。
・山田さん夫婦は、今年100万人目の観光客として大歓迎を受けた。
・（　　　　　　　　　　　　　　　　　　　　　　　　）のは、親として当然のことだ。

🌱 ～について（=～に関して）

・私たちは、退職後の生き方について話し合った。
・個人情報の扱い方については細心の注意を払うべきだ。
・（　　　　　　　　　　　　　　　　　　　）について詳しく教えてください。

🌱 ～べきだ（=～なければならない）

・約束は、どんなことがあっても守るべきだ。
・怪しい人を見かけたら、すぐに警察に届けるべきだ。
・自分の間違いに気づいたら、（　　　　　　　　　　　　　　）べきだ。

🌱 ただ～だけ（=単に～だけ）

・ただちょっと顔を見に来ただけだ。長居するつもりはない。
・ただ座っていただけなのに、立ち上がった瞬間、腰に激痛が走った。
・この店が気に入ったわけじゃない。ただ（　　　　　　　　　　　）だけだ。

단어

未熟だ 미숙하다 ｜ **大歓迎** 대환영 ｜ **退職** 퇴직 ｜ **生き方** 삶, 생활 ｜ **扱い方** 다루는 법 ｜ **細心の～** 세심한~ ｜ **注意を払う** 주의하다 ｜
怪しい 수상하다 ｜ **長居する** (방문한 곳에) 오래 머무르다 ｜ **立ち上がる** 일어서다 ｜ **腰** 허리 ｜ **激痛が走る** 극심한 통증을 느끼다

54

ディベート

🔅 隣の人と、またはグループ同士で2つの立場に分かれて、ディベートをしてみましょう。

議題

1　安いクリームとブランドのクリーム、成分がほとんど同じならどちらを使う？
2　小学生が化粧をすることに賛成？ 反対？
3　親の反対を押し切ってまで整形をすることに賛成？反対？

STEP 1　まず、自分の意見を書きましょう。

_____

_____

STEP 2　そう思う理由を書きましょう。

_____

_____

STEP 3　相手からどんな反論が来るか予想してみましょう。

_____

_____

STEP 4　その反論にどう答えるか考えましょう。

_____

_____

STEP 5　さあ、ディベート開始！

단어

押し切る (반대를) 무릅쓰고 강행하다

みんなで考えよう

💡 下の絵は、架空のダイエット商品です。次の手順で話してみましょう。

商品のプレゼンテーション

やりかた

1 ペア / グループになって、A〜Dの商品から1つを選ぶ。

2 商品のセールスマンになったつもりで、どんなダイエット効果があるか、どうしてその商品がすばらしいか、プレゼンテーションを考える。

3 クラスで発表する。

4 他のグループは、自分のグループの商品以外で買うとしたらどの商品がいいか、選ぶ。

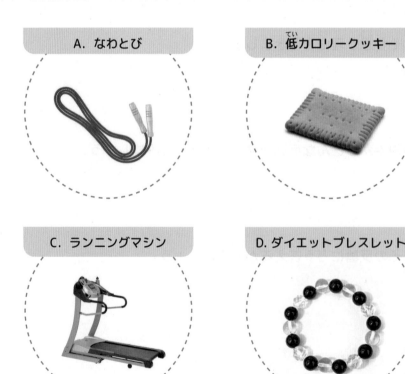

A. なわとび	B. 低カロリークッキー
C. ランニングマシン	D. ダイエットブレスレット

단어

セールスマン 세일즈맨 | なわとび 줄넘기 | ブレスレット 팔찌

単語チェック
단어체크

알고 있는 단어들을 네모 안에 체크해 봅시다.

●● 1류동사

☐ 相次ぐ(あいつぐ)
☐ 押し切る(おしきる)
☐ 隠す(かくす)
☐ 異なる(ことなる)
☐ 背く(そむく)
☐ 立ち上がる(たちあがる)
☐ 保つ(たもつ)
☐ 張り合う(はりあう)

●● 2류동사

☐ 売れる(うれる)
☐ 重ねる(かさねる)
☐ 整える(ととのえる)
☐ 取り上げる(とりあげる)

●● 3류동사

☐ 長居する(ながいする)
☐ 披露する(ひろうする)

●● い형용사

☐ 怪しい(あやしい)
☐ みっともない

●● な형용사

☐ 曖昧だ(あいまいだ)
☐ 細心の～(さいしんの～)
☐ 未熟だ(みじゅくだ)

●● 부사

☐ たびたび
☐ 常に(つねに)

●● 미용, 건강

☐ アンチエイジング
☐ サプリメント
☐ 半身浴(はんしんよく)
☐ 身支度(みじたく)
☐ 身だしなみ(みだしなみ)

●● 연령

☐ 中高年(ちゅうこうねん)
☐ 年相応(としそうおう)

●● 외견, 패션

☐ 服装(ふくそう)
☐ ブレスレット
☐ 若作り(わかづくり)

●● 기타

☐ 生き方(いきかた)
☐ 世間(せけん)
☐ セールスマン
☐ 退職(たいしょく)
☐ 大歓迎(だいかんげい)
☐ 堂々とした(どうどうとした)

せい こう
成功

···

많은 사람들이 인생에서 성공을 이루고자 끊임없이 노력합니다.
여러분이 생각하는 성공이란 무엇인가요?
이 과에서는 성공과 관련하여 다양한 소주제로 이야기해 봅시다.

💡 質問を読んで、答えを選んでください。選んだ理由も話しましょう。

1 成功に一番必要だと思うものは？

① 運　　　　　　　　② 人間関係
③ 才能　　　　　　　④ 努力

2 失敗したとき、どうする？

① 自分を責める　　　　　　② 早く忘れる
③ 成功へのチャンスだと考える　④ 再発防止策を考える

3 次のうち、一番心に響く言葉は？

① 成功の９割は信じる心から生まれる
② 成功を邪魔するものは自分自身である
③ 人生における幸せは、成功ではなく成長にある
④ 成功するために必要なものは、方法ではなく行動である

4 勉強や仕事のモチベーションを上げる方法は？

① ゲームとして楽しむ　　　② 目標を設定し挑戦を楽しむ
③ 一つのことに集中する　　④ 軽い運動や掃除をする

단어

責める 책망하다, 나무라다 ｜ **再発防止策** 재발방지책 ｜ **〜割** 〜할 ｜ **〜における** 〜(에서)의 ｜ **モチベーション** 의욕, 동기 부여 ｜
設定する 설정하다 ｜ **挑戦** 도전

フリートーキング1

💡 成功するためには運を引き寄せることも重要です。

次の表を見て、質問に答えましょう。

成功を助けてくれる、運に関連するもの

① 開運グッズ・縁起物	② 現象
・お守り ・パワーストーン ・招き猫 ・財布に五円玉	・茶柱が立つ ・流れ星を見る ・四つ葉のクローバーが見つかる
③ 食べ物	④ 行動
・トンカツ ・おむすび(良い結果にむすびつく) ・納豆(成功まで粘る)	・トイレを毎日磨く ・神社に毎朝通う ・好きなものを断つ ・瞑想・ヨガ

このうち、聞いたことがあるものは？

1 左の表を見て、やってみたいと思うものはありますか。

2 あなたの国には、左の表の①〜④のようなものがありますか。

3 あなたが試したことがある開運方法を教えてください。

引き寄せる 끌어당기다 | **開運** 개운, 운수가 트임 | **グッズ** 물건, 상품 | **縁起物** 재수를 비는 상징적 물건 | **お守り** 부적 |

パワーストーン 파워스톤, 특수한 힘이 담겨 있다고 하는 천연 돌 | **招き猫** 마네키네코, 손님이나 재물복을 불러온다고 하는 고양이 장식물 |

茶柱 차를 찻잔에 부을 때 곧추 뜨는 차의 줄기 | **流れ星** 유성 | **四つ葉のクローバー** 네 잎 클로버 | **おむすび** 주먹밥 |

粘る 잘 달라붙다 | **断つ** 끊다 | **瞑想** 명상

成功を求めない人々

　一代で財産を築く「成金」に代わってよく使われるようになったのが「セレブ」という言葉。英語のCelebrityをもとに作られましたが、最近では英語の「有名だ、著名だ」という意味が変化して、裕福で優雅なこと、またそのような人を指すようになりました。セレブの家や芸能人のセレブな生活などがたびたびテレビでも紹介されたり、いつもよりアップグレードした「プチセレブな旅」などの商品が販売されたりしています。

　これらセレブに憧れる、というのは今まで当たり前のことと考えられていました。まだ見ぬ裕福でおしゃれなライフスタイルを手に入れるため、人々は成功を目指してきたのです。特にこのような傾向があるのが、80年代に青春をおくった、いわゆるバブル世代の人たちでした。

　しかし最近では、このバブル世代の子供たちにあたる80年代後半から90年代にかけて生まれた世代を中心に、「上を目指さない」人々が増えています。例えば彼らは、車やブランド品や海外旅行に興味がありません。留学などの自分を高める行動にも興味が薄く、地元で学び、地元で就職するなど、地元志向が強いことも特徴の一つです。この世代は、生まれた時から物に恵まれており、かつ、物心ついた時にはすでに不況でした。そして、情報通信技術の進歩と共に、当たり前のようにインターネットに触れてきました。このように成熟した時代において、彼らは現実的な将来を見通して「成功なんてしなくても生きていける」と悟るようになったのです。興味深いことに、彼らの生活に対する満足度は、過去の若者たちより高いことが明らかになっています。

　世代によって「成功」の定義は違い、さらには「成功なんて必要ない」と考える人もいる現代。あなたにとって、成功とは何ですか。

★上の文章を読んでどんな感想を持ちましたか。自由に話し合ってみましょう。

考えてみよう

成功は……

しなければいけない

しなくてもいい

STEP 2 話し合ってみよう

1のように考える理由は何ですか。韓国での成功に対する考えが世代によって
どう違うかについても、話し合ってみましょう。

STEP 3 結論

周りの人と話し合って、あなたの考えは変わりましたか。
あなたの出した結論をまとめましょう。

단어

一代 일대 ｜ **成金** 벼락부자 ｜ **セレブ** 셀러브리티, 유명 인사 ｜ **著名だ** 저명하다 ｜ **裕福だ** 유복하다 ｜ **優雅だ** 우아하다 ｜

当たり前 당연함 ｜ **目指す** 목표로 하다 ｜ **青春** 청춘 ｜ **いわゆる** 소위 ｜ **バブル** 버블 (경제) ｜ **あたる** 해당하다 ｜ **地元** 고향 ｜

志向 지향 ｜ **恵まれる** 혜택받다 ｜ **物心(が)つく** 철이 들다 ｜ **すでに** 이미 ｜ **不況** 불황 ｜ **～と共に** ~와/과 함께 ｜ **触れる** 닿다, 접하다 ｜

成熟する 성숙하다 ｜ **見通す** 멀리까지 내다보다 ｜ **悟る** 깨닫다 ｜ **興味深い** 흥미롭다 ｜ **明らかになる** 밝혀지다 ｜ **定義** 정의

💡 例文を見て表現の使い方を確認したあと、空欄に適当な言葉を入れて文を完成させましょう。

🌱 ～に代わって（＝～ではなく）

・今日の授業は、山田先生に代わって佐藤先生が担当します。
・急病のため、社長に代わって、副社長が記者会見を行った。
・（　　　　　　　　　　　　　　　　　　　　　）に代わって、自動車が人々の足になった。

🌱 ～をもとに（＝～を素材にして）

・この作品は、ある事件をもとに映画化された。
・アンケート調査の結果をもとに地域の実態を把握する。
・警察は、目撃者の証言をもとに（　　　　　　　　　　　　　　　　　）。

🌱 ～から～にかけて（＝～から～まで）

・このドラマは、今年の4月から6月にかけて放送されたものだ。
・今日の午後、関東から東北にかけて震度3の地震があった。
・朝7時から8時にかけて（　　　　　　　　　　　　　　　　　　　　）。

🌱 ～において（＝～で／物事が行われる場所・場面・状況）

・新薬の審査結果は、来月の学会において発表される。
・人間関係を円滑に保つことは、社会生活において大変重要だ。
・A社の製品は、（　　　　　　　　　　　　　　　）において、B社製より優れている。

🔖 **단어**

急病 급병 ｜ **実態** 실태 ｜ **把握する** 파악하다 ｜ **目撃者** 목격자 ｜ **証言** 증언 ｜ **震度** 진도 ｜ **新薬** 신약 ｜ **円滑だ** 원활하다

ディベート

💡 隣の人と、またはグループ同士で２つの立場に分かれて、ディベートをしてみましょう。

議題

1 人生で何かに悩んだとき、占いに従うことに賛成？ 反対？
2 小さい会社の社長と、大企業の一社員、どちらがより成功した人生？
3 才能と努力、どちらがより成功に影響を与える？

STEP 1 まず、自分の意見を書きましょう。

STEP 2 そう思う理由を書きましょう。

STEP 3 相手からどんな反論が来るか予想してみましょう。

STEP 4 その反論にどう答えるか考えましょう。

STEP 5 さあ、ディベート開始！

단어

従う 따르다 | 大企業 대기업

これは、日本の伝統的なゲーム「すごろく」です。次の手順で話してみましょう。

人生すごろく

やりかた

1 ペア / グループを作る。

2 「人生すごろく」のあいている部分を、ペア / グループで相談して埋める。

3 実際にゲームをしてみよう。

準備するもの コマ×人数分, 100ウォン玉×4枚(表が出た数で、1〜4まで進む)

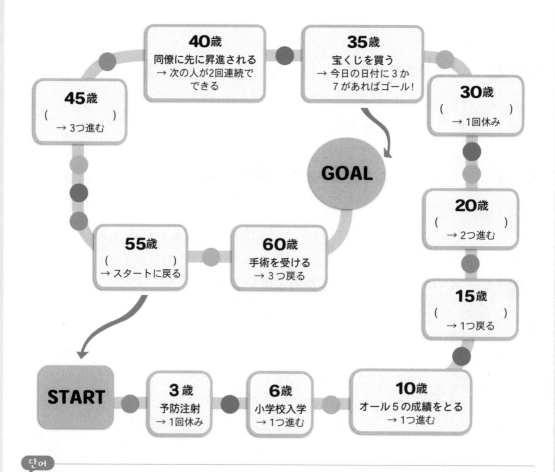

단어

人生 인생 | **すごろく** 주사위 놀이 | **コマ** (장기 등의) 말

●● **1류동사**

- □ あたる
- □ 悟る(さとる)
- □ 従う(したがう)
- □ 断つ(たつ)
- □ 見通す(みとおす)
- □ 目指す(めざす)

●● **2류동사**

- □ 責める(せめる)
- □ 引き寄せる(ひきよせる)
- □ 触れる(ふれる)
- □ 恵まれる(めぐまれる)

●● **3류동사**

- □ 成熟する(せいじゅくする)
- □ 把握する(はあくする)

●● **い형용사**

- □ 興味深い(きょうみぶかい)

●● **な형용사**

- □ 円滑だ(えんかつだ)
- □ 著名だ(ちょめいだ)
- □ 優雅だ(ゆうがだ)
- □ 裕福だ(ゆうふくだ)

●● **부사**

- □ すでに

●● **운세**

- □ 縁起物(えんぎもの)
- □ お守り(おまもり)
- □ 開運(かいうん)
- □ 招き猫(まねきねこ)

●● **기타**

- □ 当たり前(あたりまえ)
- □ いわゆる
- □ 急病(きゅうびょう)
- □ グッズ
- □ 志向(しこう)
- □ 実態(じったい)
- □ 地元(じもと)
- □ 証言(しょうげん)
- □ 人生(じんせい)
- □ 震度(しんど)
- □ 青春 (せいしゅん)
- □ 大企業(だいきぎょう)
- □ 挑戦(ちょうせん)
- □ 定義(ていぎ)
- □ 不況(ふきょう)
- □ 目撃者(もくげきしゃ)
- □ モチベーション
- □ ～割(～わり)

●● **숙어표현**

- □ 物心がつく(ものごころがつく)

家族
(か　ぞく)

시대가 변하면서 가족의 형태나 관계에도 많은 변화가 생기고 있습니다.
여러분이 생각하는 이상적인 가족의 모습은 무엇인가요?
이 과에서는 가족과 관련하여 다양한 소주제로 이야기해 봅시다.

質問を読んで、答えを選んでください。選んだ理由も話しましょう。

1 親とよくどんな話をする？

① 日々の生活のこと　　　　　② 将来のこと

③ 趣味のこと　　　　　　　　④ 親とはあまり話さない

2 一人暮らしを始めたら、これだけはやるぞ！と思うものは？

① 洗濯物を溜め込まない　　　② ゴミをこまめに捨てる

③ 部屋の整理整頓をする　　　④ 料理をしてちゃんと食べる

3 あなたにとって親孝行とは？

① 親とたくさん話すこと　　　② 親の健康に配慮すること

③ 親に心配をかけないこと　　④ 親にプレゼントやお金をあげること

4 一番楽しい家族のイベントは？

① 誕生日などのお祝い　　　　② 趣味の活動

③ 外食　　　　　　　　　　　④ 旅行

단어

日々 매일, 하루하루 | **一人暮らし** 독신 생활 | **溜め込む** 모으다 | **こまめに** 바지런하게 | **整理整頓** 정리정돈 | **親孝行** 효도 |
配慮する 배려하다 | **心配をかける** 걱정을 끼치다

💡 グラフは、40〜50代の男性（既婚・子持ち）を対象に、自宅でのライフスタイルに関するインターネット調査を実施した結果です。これを見て、居心地のいい家庭のあり方について考えましょう。

平日家で不満を感じることがありますか。

■ はい	■ いいえ
52.2%	**47.8%**

はい

① 自分の趣味を楽しむ時間がない　**57.0%**

② 一人になれる時間・場所がない　**40.4%**

③ 見たい番組が見られない　**31.9%**

④ 妻や子供がうるさい　**26.4%**

⑤ 自宅に居場所がない　**19.6%**

⑥ リビングが占領されている　**19.1%**

⑦ 家族とコミュニケーションがうまくいっていない　**16.2%**

⑧ 帰宅したときに、ご飯が準備されていない　**4.7%**

1 それぞれの悩みは何が原因だと思いますか。

2 それぞれの悩みはどのようにしたら解決できると思いますか。

3 居心地のいい家庭とはどういうものか、あなたの考えを述べてください。

子持ち 아이가 딸린 사람 | **居心地がいい** (있기에) 편하다 | **居場所** 있을 곳, 머무를 장소 | **占領する** 점령하다

仲良し親子の何が悪い?

　ある調査によると、最近の日本の大学生は、「親と仲がいい」「親が大好き」という傾向があるそうです。親側からだけでなく、子供の側からもすすんで、今日はこんなことがあった、あんなことがあったと会話をしていて、中には自分の恋愛相談をする人もいるとか。また、親を尊敬していて、自分も親のようになりたい、同じような家庭を築きたいとも考えています。

　これは、昔の親子関係では考えられなかったことです。従来、親子というものは上下関係であって、友達のようなフラットな関係ではありませんでした。厳しい親に逆らってげんこつをくらうこともあれば、理不尽な決定に従わざるをえないこともある。そこまで厳しくないとしても、親に言えない、言いたくない隠しごとの一つや二つは、みんな持っていました。また、思春期になれば親に反抗したい気持ちが芽生え、自分の決めたことにはいちいち口を出されたくない、と思うのが普通のことでした。

　仲良し親子は、人間と人間の関係という点から見ると、とてもいい関係だと言えます。子供は安心感の中で育つことで、自分を肯定的に評価することができるようになるでしょうし、親の立場からしても、問題行動を起こさず、いつまでも自分を頼ってくれる子供はかわいいに違いありません。しかし一方では、このような関係には、子供の反抗期がないことも指摘されています。反抗期とはそもそも、いずれ親から自立しなければならないという潜在意識から来る、親離れのための動物的本能です。これがないということは、自立する必要性を感じていないということです。親と子の仲がいいことは、親離れ、ひいては子離れできないという問題にも通じているおそれがあります。

　あなたにとって、理想の親子関係とはどのようなものですか。

★上の文章を読んでどんな感想を持ちましたか。自由に話し合ってみましょう。

考えてみよう

あなたにとって、理想の親子とは……

| 仲良し親子 | 上下関係のある親子 | その他 |

STEP 2　**話し合ってみよう**

1のように考える理由は何ですか。
自分や友達の経験を例に挙げながら話し合ってみましょう。

STEP 3　**結論**

周りの人と話し合って、あなたの考えは変わりましたか。
あなたの出した結論をまとめましょう。

단어

仲良し 사이가 좋음 | **すすんで** 솔선해서 | **昔** 옛날 | **上下関係** 상하관계 | **フラットだ** 평평하다, 수평적이다 |

逆らう 거역하다, 반하다 | **げんこつをくらう** 꿀밤을 맞다 | **理不尽だ** 불합리하다 | **隠しごと** 숨기는 일 | **思春期** 사춘기 |

反抗する 반항하다 | **芽生える** (감정이) 싹트다 | **いちいち** 하나하나, 일일이 | **口を出す** 말참견하다 | **肯定的だ** 긍정적이다 |

頼る 의지하다 | **反抗期** 반항기 | **いずれ** 언젠가는 | **自立** 자립 | **潜在意識** 잠재의식 | **親離れ** 자식의 자립 | **ひいては** 나아가서는 |

子離れ 부모의 자립(자식에게 지나친 간섭을 삼가는 일)

表現を広げよう

💡 例文を見て表現の使い方を確認したあと、空欄に適当な言葉を入れて文を完成させましょう。

🌱 **～も～ば、～も（＝～も～し、～も）**

- 彼女は、英語も話せば、スペイン語も話す。
- 父は、お酒も飲めばタバコも吸うので、健康が心配だ。
- この時期は、（ 　　　　　　　　　　　　　　　　　　 ）ば、寒い日もある。

🌱 **～ざるをえない（＝どうしても～する必要がある）**

- 社長命令では、嫌でも従わざるをえない。
- 仕事を辞めることになったので、残念ながら帰国せざるをえない。
- 携帯電話をなくしたので、（ 　　　　　　　　　　　　　 ）ざるをえない。

🌱 **～に違いない（＝きっと～と思う）**

- 冷蔵庫に入れておいたメロンがない。弟が食べたに違いない。
- あのグループは、持ち物や身振りから考えて、日本人観光客に違いない。
- こんなに探しても見つからないのだから、（ 　　　　　　　 ）に違いない。

🌱 **～おそれがある（＝～かもしれない）**

- バーゲン品は安いが、品質が悪いおそれがある。
- 早く手術しないと、手遅れになるおそれがある。
- 工場が増えると、（ 　　　　　　　　　　　　　　　 ）おそれがある。

단어

命令 명령 ┃ **持ち物** 소지품 ┃ **身振り** 몸짓 ┃ **バーゲン品** 염가품 ┃ **手遅れ** 때늦음

ディベート

隣の人と、またはグループ同士で2つの立場に分かれて、ディベートをしてみましょう。

議題

1 兄弟は多い方がいい？少ない方がいい？

2 大学を卒業したら親から経済的自立をするべき？それとも援助を受けてもいい？

3 自分が養子であるということがわかったとき、産みの親を探す？探さない？

STEP 1 まず、自分の意見を書きましょう。

_____

_____

STEP 2 そう思う理由を書きましょう。

_____

_____

STEP 3 相手からどんな反論が来るか予想してみましょう。

_____

_____

STEP 4 その反論にどう答えるか考えましょう。

_____

_____

STEP 5 さあ、ディベート開始！

단어

養子 양자 | **産みの親** 낳아 준 부모

💡 次の手順で話してみましょう。

ドラマ・映画のストーリー

やりかた

1 グループで「家族」がテーマのドラマや映画を出し合って、1つ決める。

2 ストーリーを4つの部分（起承転結）に分けて、各パートのストーリーを日本語で考える。

3 4つのストーリーが全部つながったら、このドラマ／映画のメッセージを全員で考える。

4 クラスで発表する。

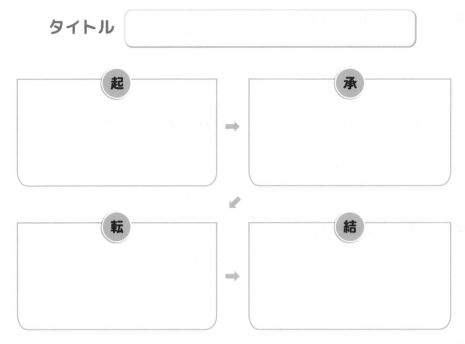

タイトル

| 起 |
| 承 |
| 転 |
| 結 |

★ この映画が伝えたいメッセージとは？

단어

起承転結 기승전결

単語チェック
단어체크

알고 있는 단어들을 네모 안에 체크해 봅시다.

●● 1류 동사

- ☐ 逆らう(さからう)
- ☐ 溜め込む(ためこむ)
- ☐ 頼る(たよる)

●● 2류 동사

- ☐ 芽生える(めばえる)

●● 3류 동사

- ☐ 占領する(せんりょうする)
- ☐ 配慮する(はいりょする)
- ☐ 反抗する(はんこうする)

●● な형용사

- ☐ 肯定的だ(こうていてきだ)
- ☐ フラットだ
- ☐ 理不尽だ(りふじんだ)

●● 부사

- ☐ いちいち
- ☐ こまめに
- ☐ すすんで
- ☐ ひいては

●● 가족

- ☐ 産みの親(うみのおや)
- ☐ 親孝行(おやこうこう)
- ☐ 親離れ(おやばなれ)
- ☐ 子離れ(こばなれ)

- ☐ 子持ち(こもち)
- ☐ 一人暮らし(ひとりぐらし)
- ☐ 養子(ようし)

●● 대인관계

- ☐ 上下関係(じょうげかんけい)
- ☐ 仲良し(なかよし)

●● 기타

- ☐ いずれ
- ☐ 隠しごと(かくしごと)
- ☐ 起承転結(きしょうてんけつ)
- ☐ 思春期(ししゅんき)
- ☐ 自立(じりつ)
- ☐ 潜在意識(せんざいいしき)
- ☐ 手遅れ(ておくれ)
- ☐ 反抗期(はんこうき)
- ☐ 身振り(みぶり)
- ☐ 昔(むかし)
- ☐ 命令(めいれい)
- ☐ 持ち物(もちもの)

●● 숙어표현

- ☐ 居心地がいい(いごこちがいい)
- ☐ 口を出す(くちをだす)
- ☐ 心配をかける(しんぱいをかける)

エコ時代

환경 변화에 따라 '에코', '친환경'의 중요도는 점점 높아지고 있습니다.
여러분은 환경을 보호하기 위해 어떤 노력을 하고 있나요?
이 과에서는 친환경 시대와 관련하여 다양한 소주제로 이야기해 봅시다.

💡 質問を読んで、答えを選んでください。選んだ理由も話しましょう。

1 普段、「エコ」を意識しながら生活している？

① すごく意識している　　　② やや意識している

③ あまり意識していない　　④ 全く意識していない

2 どの「エコ活動」なら実践できそう？

① 無駄な包装は断る　　　　② 使い捨て用品を使わない

③ 詰め替えのできる商品を使う　　④ マイバッグを持参する

3 「エコ買い*」をどう思う？

① ぜひやってみたい　　　　② いいと思うができそうにない

③ すでに実践している　　　④ あまり意味がないと思う

* エコ買い：食料品の廃棄を減らすため、賞味期限が迫った食料品から先に買うこと

4 エコ活動の手ごたえを感じるときは？

① 冷暖房を我慢しているとき

② 使わない部屋の電気を消したとき

③ 飲み物を家から持参しているとき

④ 使っていない電化製品のコンセントを抜いたとき

단어

エコ 에코, 친환경 ｜ **やや** 조금 ｜ **実践する** 실천하다 ｜ **包装** 포장 ｜ **使い捨て用品** 일회용품 ｜ **詰め替え** 리필 ｜

マイバッグ 마이백, 에코백 ｜ **持参する** 지참하다 ｜ **廃棄** 폐기 ｜ **賞味期限** 상미 기한, 제품을 가장 맛있게 먹을 수 있는 기한 ｜

迫る 다가오다, 임박하다 ｜ **手ごたえ** 반응, 보람

フリートーキング 1

気候変動に関するアンケート結果を見て、質問に答えましょう。

あなたが日常生活の中で変化したと感じるものを、
次の 4 つから 1 つだけ選んでください。

① さくらの開花	② 夏の暑さ
③ 雨の降り方・台風	④ 雪の降り方

アンケート調査日：2018年7月21日

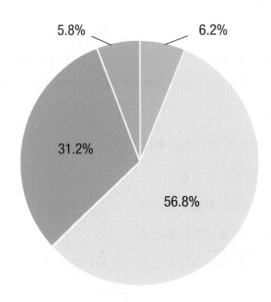

■ さくらの開花　　■ 夏の暑さ

■ 雨の降り方・台風　　■ 雪の降り方

出典：気候変動適応情報プラットフォームポータルサイト
https://adaptation-platform.nies.go.jp/archive/report/20180721.html

1 あなたは、このアンケート結果に共感しますか。その理由は？

2 このアンケートは日本で行ったものですが、韓国でアンケートをとったらどのような結果になると思いますか。

3 この４項目のほかに、あなたが日常的に気候変動を感じるのはどんなときですか。話してみましょう。

理想の暮らし、スローライフ

みなさんは「スローライフ」に関心がありますか。スローライフといえば、忙しい都会の「ファーストライフ」から抜け出し、ストレスから解放されるというイメージが強いかもしれません。それだけでなく、スローライフは環境保護につながるという面も持っています。

地球温暖化問題の主な原因は、CO2をはじめとする温室効果ガスの増加です。「フード
05　マイレージ」という点からみると、日本や韓国といった食糧輸入国では自国内の観測値よりもさらに多くのガスを排出していると考えられています。フードマイレージというのは、食卓の上の食べ物がそこに運ばれるまでの距離のことで、ある調査では日本が1位、韓国が2位でした。できるだけ食糧の輸入を避け、地域のものをその土地の人が食べる、「地産地消」の生活を実践することが、結果的に温室効果ガスの排出を抑えることになるので
10　す。また、自動車を使わないことも実践の一つです。最近では車の代わりに自転車通勤をする会社員が増えつつあるといいます。確かに車で移動するよりは時間がかかるかもしれませんが、自転車をこぐのは運動にもなり、環境保護にも役立つ、一石二鳥の方法と言えるでしょう。こうしてみると、環境保護というのは、一人一人がスローライフの意識を持つだけで簡単に実践に移せることがわかります。

15　しかし、現実の私たちは、考え方を変えることができるでしょうか。飛行機やインターネット、冷蔵庫など、スピーディで便利な生活に慣れてしまった私たちには、少しの不便も大きなストレスになり得ます。また、高度成長期以前の庶民の生活は、今でいうスローライフだったと言えますが、時代に逆行するのは不自然だという考えもあります。

あなたはスローライフを受け入れられますか。

20

★上の文章を読んでどんな感想を持ちましたか。自由に話し合ってみましょう。

考(かんが)えてみよう

あなたは、スローライフを……

実践できる   実践できない

STEP 2 話(はな)し合(あ)ってみよう

1のように考える理由(り ゆう)は何(なん)ですか。
あなたの意見(い けん)を周(まわ)りの人と話し合ってみましょう。

STEP 3 結論(けつろん)

周りの人と話し合って、あなたの考えは変(か)わりましたか。あなたが望(のぞ)む生活様式(ようしき)
(スローライフ / ファーストライフ)の中(なか)で、環境保護のためにできることは何
でしょうか。

단어

スローライフ 슬로 라이프 ｜ **ファーストライフ** 패스트 라이프 ｜ **抜(ぬ)け出(だ)す** 빠져나가다 ｜ **地球温暖化(ち きゅうおんだん か)** 지구 온난화 ｜ **主(おも)な～** 주된～ ｜
温室効果(おんしつこう か)ガス 온실효과 가스 ｜ **食糧(しょくりょう)** 식량 ｜ **自国(じ こく)** 자국 ｜ **排出(はいしゅつ)する** 배출하다 ｜ **避(さ)ける** 피하다 ｜ **地産地消(ち さん ち しょう)** 지방소비, 자급자족함 ｜
抑(おさ)える 억제하다 ｜ **自転車(じ てんしゃ)をこぐ** 자전거를 타다 ｜ **一石二鳥(いっせき に ちょう)** 일석이조 ｜ **スピーディだ** 스피디하다, 빠르다 ｜
高度成長期(こう ど せいちょう き) 고도성장기 ｜ **庶民(しょみん)** 서민 ｜ **逆行(ぎゃっこう)する** 역행하다 ｜ **不自然(ふ し ぜん)だ** 부자연스럽다 ｜ **受(う)け入(い)れる** 받아들이다 ｜ **様式(ようしき)** 양식

表現を広げよう

👁 例文を見て表現の使い方を確認したあと、空欄に適当な言葉を入れて文を完成させましょう。

🌱 ～といえば（＝～から連想するものは）

・夏の夜といえば花火大会だ。夏は、盆踊りや祭りなどイベントが多い。
・昔の日本人は、花といえば桜を思い浮かべた。
・外国では、日本料理といえば、（　　　　　　　　　　　　　　　）がよく知られている。

🌱 ～をはじめとする（＝～を代表的なものとして）

・彼は、数学をはじめとする理系科目が得意だ。
・レモンをはじめとする多くの果物にはビタミンCが含まれている。
・（　　　　　　　　　　　）をはじめとするソウルの観光地は、いつも人でいっぱいだ。

🌱 ～つつある（＝徐々に～の状態になっていく）

・春に向かって、暖かくなりつつある。
・彼女の病気は、快方に向かいつつある。
・若い人が都会へ出て行くため、田舎は（　　　　　　　　　　　　）つつある。

🌱 ～得る（～得ます・～得ない）（＝～の可能性がある）

・熱中症は、室内で静かにしていても十分起こり得る。
・人生の問題においては、誰もが納得し得る答えを出すのは難しい。
・この広い宇宙のどこかには、（　　　　　　　　　　　　　）こともあり得る。

단어

盆踊り 본오도리, 오본 때 추는 춤 ｜ 徐々に 서서히 ｜ 快方に向かう 차도를 보이다 ｜ 熱中症 열중증, 열사병 ｜ 宇宙 우주

ディベート

隣の人と、またはグループ同士で2つの立場に分かれて、ディベートをしてみましょう。

議題

1 カフェでテイクアウト用の紙コップの使用が全面的に禁止になることに賛成？反対？

2 サマータイムの導入に賛成？反対？

3 自然豊かな田舎は、そこで暮らす住民のために都市開発を進めるべき？住みにくくてもずっと自然を守るべき？

STEP 1 まず、自分の意見を書きましょう。

_____

_____

STEP 2 そう思う理由を書きましょう。

_____

_____

STEP 3 相手からどんな反論が来るか予想してみましょう。

_____

_____

STEP 4 その反論にどう答えるか考えましょう。

_____

_____

STEP 5 さあ、ディベート開始！

단어

全面的 전면적 | **サマータイム** 서머 타임 | **自然豊か** 자연이 풍요로움

みんなで考えよう

💡 **次の手順で話してみましょう。**

地球にやさしい行動は?

やりかた

1 次のA〜Hのうち、「CO2削減量が多い」と思うものを、グループで話し合って3つ選ぶ。

2 クラスでグループ別に発表したあと、先生が答えを発表する。

3 選んだ3つの削減量を足してみる。一番削減量が多かったグループが勝ち!

一日の削減量と考えてください

A 買い物の時、マイバッグを使う。

B ペットボトルの代わりに水筒を使う。

C パソコンの時間を一日に1時間減らす。

D 冷蔵庫のドアをできるだけ早く閉める。

E 使わない家電の主電源を切っておく。

F 炊飯器の保温をやめる。

G ゴミを徹底的に分別し、プラスチックをリサイクルする。

H 便座が温まるタイプのトイレの、ふたを閉めておく。

단어

削減量 삭감량 | **水筒** 수통, 물통 | **家電** 가전, 가정용 전기 기구 | **主電源** 주전원 | **炊飯器** 전기밥솥 | **徹底的だ** 철저하다 |
分別する 분별하다, 분류하다

86

알고 있는 단어들을 네모 안에 체크해 봅시다.

●● **Ⅰ류 동사**

☐ 迫る(せまる)

☐ 抜け出す(ぬけだす)

●● **2류 동사**

☐ 受け入れる(うけいれる)

☐ 抑える(おさえる)

☐ 避ける(さける)

●● **3류 동사**

☐ 逆行する(ぎゃっこうする)

☐ 持参する(じさんする)

☐ 実践する(じっせんする)

☐ 排出する(はいしゅつする)

☐ 分別する(ぶんべつする)

●● **な 형용사**

☐ 主な〜(おもな〜)

☐ スピーディだ

☐ 徹底的だ(てっていてきだ)

☐ 不自然だ(ふしぜんだ)

●● **부사**

☐ 徐々に(じょじょに)

☐ やや

●● **환경 보호**

☐ 温室効果ガス(おんしつこうかガス)

☐ 気候変動(きこうへんどう)

☐ 削減量(さくげんりょう)

☐ 地球温暖化(ちきゅうおんだんか)

☐ 使い捨て用品(つかいすてようひん)

☐ マイバッグ

●● **상품, 가전제품**

☐ 家電(かでん)

☐ 主電源(しゅでんげん)

☐ 賞味期限(しょうみきげん)

☐ 水筒(すいとう)

☐ 炊飯器(すいはんき)

☐ 詰め替え(つめかえ)

☐ 包装(ほうそう)

●● **기타**

☐ 高度成長期(こうどせいちょうき)

☐ 食糧(しょくりょう)

☐ 庶民(しょみん)

☐ スローライフ

☐ 手ごたえ(てごたえ)

☐ 熱中症(ねっちゅうしょう)

☐ ファーストライフ

☐ 様式(ようしき)

●● **숙어표현**

☐ 快方に向かう(かいほうにむかう)

☐ 自転車をこぐ(じてんしゃをこぐ)

09

ふく　し
福祉

복지는 고령자, 장애인 등 사회적 약자의 생활을 돕는 중요한 사회 시스템입니다.
여러분은 우리 사회의 복지에 대해서 생각해 본 일이 있나요?
이 과에서는 복지와 관련하여 다양한 소주제로 이야기해 봅시다.

💡 質問を読んで、答えを選んでください。選んだ理由も話しましょう。

1 福祉関係の仕事で、やってみたいと思うものは？

① 子供の保育　　　　　　　② 青少年のカウンセリング

③ 高齢者の介護　　　　　　④ 病院の栄養管理

2 体の不自由な人を見かけました。あなたが手伝えそうなことは？

① 車いすを押す　　　　　　② 雨の日に松葉杖の人を傘に入れる

③ 目の不自由な人を案内する　④ 耳の不自由な人と手話で話す

3 次のうち、補助犬*ができないことは？

① 衣服を脱がせる　　　　　② 他の人を呼びに行く

③ ドアの開け閉めをする　　④ 落ちているお金を拾う

＊補助犬：盲導犬、聴導犬、介助犬の総称

4 どんな福祉サービスが充実したらいいと思う？

① 一人暮らしのお年寄りを手伝う

② 悩んでいる人の相談を聞く

③ 親が忙しいとき子供の面倒を見る

④ 健康に関する情報を発信する

단어

福祉 복지 ｜ **カウンセリング** 카운슬링 ｜ **高齢者** 고령자 ｜ **車いす** 휠체어 ｜ **松葉杖** 목발 ｜ **手話** 수화 ｜ **補助犬** 보조견 ｜
開け閉め 개폐, 여닫음 ｜ **お年寄り** 노인 ｜ **面倒を見る** 돌보아 주다

フリートーキング 1

住宅のバリアフリーについて考えましょう。次の質問に答えてください。

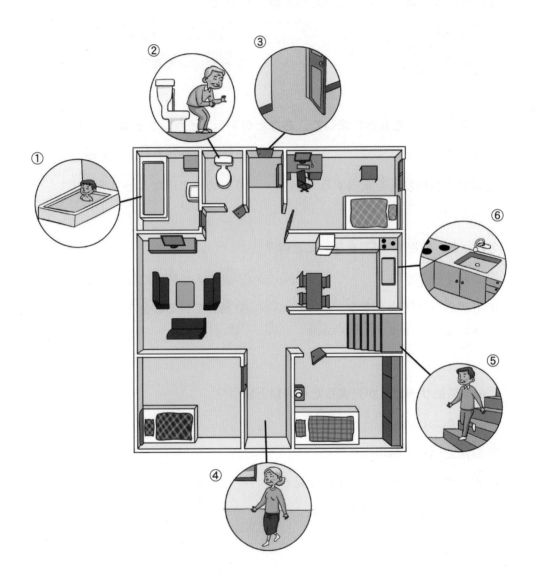

1 お年寄りが安全で快適に過ごすために、①〜⑥には、構造的にどんな配慮が必要ですか。

2 住宅だけでなく、バスや横断歩道、駅の階段など町の中で見かけるバリアフリーにはどんなものがありますか。

3 心のバリアフリー(意識上のバリアフリー)の大切さについて、あなたの考えを述べてください。(例：相手の立場に立つ)

단어

バリアフリー 장벽 제거(몸이 불편한 사람을 위해 활동하기 편리하게 장벽을 제거하는 일) | 意識上 의식상

孤独の国、日本

「飽食の国」と呼ばれる21世紀の日本で、31歳の女性が自宅で餓死していたというニュースが報じられた。

彼女の部屋の電気やガス、水道といったライフラインは、すべてストップ。家賃も滞納し、冷蔵庫にはマヨネーズの空の容器しか入っていないなど、苦しい生活だったことが後の調査でわかった。女性は元々、父親の生命保険を切り崩して生活していたが、その貯金も底をついてしまい、頼る人もなくひっそりと死んでいった。死の4年前、女性が区役所の生活保護の窓口に相談に訪れたところ、担当者は「保険金がなくなったときに改めて相談に来てほしい」と対応した。が、その後、二度と彼女が窓口に来ることはなかったという。

彼女がそれ以上、区役所に助けを求めなかったのはなぜだろうか。それは、日本の「迷惑だ」という言葉のもつ疎外感に原因があるのではないか。日本人は、誰かに頼ったり、借りを作ったりすることを極度に恥ずかしいと思うきらいがある。子供のころから、「人に迷惑をかけることだけはするな」と教えられ、家族であっても、なかなか頼りにくい。そのような文化があるうえに、昨今は失敗した者、努力しない者に対しての寛容さがなくなってきている。

「自助>共助>公助」というのは、福祉の優先順位を表したものだ。つまり、「自己責任」の次に「親族の扶養や地域社会での助け合い」、最後の最後に「生活保護」が来る。しかし、今の社会は自助ばかりが強調され、共助、公助につながる仕組みがうまく機能していない。弱者の声がしっかり届く社会システムをどのように構築していけばいいのか。日本社会は今、岐路に立っている。

★上の文章を読んでどんな感想を持ちましたか。自由に話し合ってみましょう。

STEP 1 **考えてみよう**

あなたがもし、家族がいない上に生活に困ったら、どの順序で行動しますか。

> **一人で解決しようとする**　　**周りの人に頼る**　　**行政機関に頼る**

STEP 2 **話し合ってみよう**

1のように考える理由は何ですか。また、具体的にどのような行動をとりますか。あなたの意見を、周りの人と話し合ってみましょう。

STEP 3 **結論**

周りの人と話し合って、あなたの考えは変わりましたか。
あなたの出した結論をまとめましょう。

단어

飽食 포식 ｜ **餓死する** 아사하다 ｜ **報じる** 보도하다 ｜ **ライフライン** 생명선, 생활을 유지하기 위해 필요한 전기, 가스, 수도 등의 네트워크 시스템 ｜ **滞納する** 체납하다 ｜ **切り崩す** 무너뜨리다, (모아둔 돈을) 깨다 ｜ **底をつく** 바닥을 드러내다 ｜ **ひっそり** 몰래, 조용히 ｜
生活保護 생활 보호 ｜ **改めて** 다시금 ｜ **疎外感** 소외감 ｜ **借りを作る** 빚을 지거나 도움을 받다 ｜ **極度に** 극도로 ｜ **寛容さ** 관용 ｜
自己責任 자기 책임 ｜ **扶養** 부양 ｜ **助け合い** 서로 도움 ｜ **仕組み** 조직, 시스템 ｜ **構築する** 구축하다 ｜ **岐路に立つ** 기로에 서다

表現を広げよう

💡 例文を見て表現の使い方を確認したあと、空欄に適当な言葉を入れて文を完成させましょう。

🌱 ～たところ（＝～したら）

・階段を降りようとしたところ、足を踏み外してしまった。
・その事故について調べたところ、前方不注意が原因だったことがわかった。
・（　　　　　　　　　　　　　　　　　　　）たところ、母は喜んで賛成してくれた。

🌱 ～という（＝～そうだ）

・新聞によると、台風で怪我人が大勢出たという。
・この辺りは昔、田畑ばかりの何もない平地だったという。
・兄からのメールでは、（　　　　　　　　　　　　　　　　　　）という。

🌱 ～きらいがある（＝～の傾向がある）

・彼女は、人を見かけだけで判断するきらいがある。
・彼女は愛のない家庭で育ったため、人間不信のきらいがある。
・人は年を取ると、（　　　　　　　　　　　　　　　　　　）きらいがある。

🌱 ～うえに（＝～だけでなく）

・あの人の話は長いうえに、聞いていても要点がさっぱりわからない。
・この町は安い店が多いうえに、交通も便利だから、人が集まる。
・昨日は（　　　　　　　　　　　　　　　）うえに、雨にも降られて散々な一日だった。

단어

踏み外す 잘못 밟다, 헛디디다 | **前方不注意** 전방부주의 | **怪我人** 부상자 | **田畑** 논밭 | **平地** 평지 | **見かけ** 외관 | **要点** 요점 |
散々だ 엉망진창이다

ディベート

💡 隣の人と、またはグループ同士で2つの立場に分かれて、ディベートをしてみましょう。

議題

1　老後は都市と田舎、どちらに住んだ方が暮らしやすい？
2　ボランティアは、強制的にさせることにも意味があると思う？
3　福祉予算は子供と高齢者、どちらにより多く充てるべき？

STEP 1　まず、自分の意見を書きましょう。

_____

_____

STEP 2　そう思う理由を書きましょう。

_____

_____

_____

STEP 3　相手からどんな反論が来るか予想してみましょう。

_____

_____

_____

STEP 4　その反論にどう答えるか考えましょう。

_____

_____

_____

STEP 5　さあ、ディベート開始！

단어

老後 노후 ｜ **ボランティア** 자원봉사, 자원봉사자 ｜ **強制的** 강제적 ｜ **充てる** 할당하다

みんなで考えよう

💡 <ruby>下<rt>した</rt></ruby>の<ruby>絵<rt>え</rt></ruby>は、お<ruby>年寄<rt>としよ</rt></ruby>りのための<ruby>道具<rt>どうぐ</rt></ruby>です。<ruby>次<rt>つぎ</rt></ruby>の<ruby>手順<rt>てじゅん</rt></ruby>で<ruby>話<rt>はな</rt></ruby>してみましょう。

<ruby>道具<rt>どうぐ</rt></ruby><ruby>当<rt>あ</rt></ruby>てゲーム

やりかた

1 A〜Fが<ruby>何<rt>なん</rt></ruby>のために<ruby>使<rt>つか</rt></ruby>う<ruby>道具<rt>どうぐ</rt></ruby>か、<ruby>考<rt>かんが</rt></ruby>える。

2 ペア / グループで、<ruby>自分<rt>じぶん</rt></ruby>の<ruby>考<rt>かんが</rt></ruby>えを<ruby>話<rt>はな</rt></ruby>し<ruby>合<rt>あ</rt></ruby>う。<ruby>意見<rt>いけん</rt></ruby>が<ruby>一致<rt>いっち</rt></ruby>したら、どうやって<ruby>使<rt>つか</rt></ruby>うかも<ruby>話<rt>はな</rt></ruby>し<ruby>合<rt>あ</rt></ruby>う。

3 クラスで<ruby>発表<rt>はっぴょう</rt></ruby>する。

4 <ruby>一番正解<rt>いちばんせいかい</rt></ruby>が<ruby>多<rt>おお</rt></ruby>かったグループが<ruby>勝<rt>か</rt></ruby>ち!

A パタカラ

B バスボード

C フォームローラー

D スプーンゲーム

E ドレミパイプ

F ハンドグリップ

<ruby>単어<rt>단어</rt></ruby>

<ruby>一致<rt>いっち</rt></ruby>する 일치하다

単語チェック
단어체크

알고 있는 단어들을 네모 안에 체크해 봅시다.

● ● 1류 동사

☐ 切り崩す(きりくずす)

☐ 踏み外す(ふみはずす)

● ● 2류 동사

☐ 充てる(あてる)

☐ 報じる(ほうじる)

● ● 3류 동사

☐ 一致する(いっちする)

☐ 餓死する(がしする)

☐ 構築する(こうちくする)

☐ 滞納する(たいのうする)

● ● な형용사

☐ 散々だ(さんざんだ)

● ● 부사

☐ 改めて(あらためて)

☐ 極度に(きょくどに)

☐ ひっそり

● ● 돌봄, 개호

☐ カウンセリング

☐ 車いす(くるまいす)

☐ 怪我人(けがにん)

☐ 手話(しゅわ)

☐ バリアフリー

☐ 福祉(ふくし)

☐ 扶養(ふよう)

☐ 補助犬(ほじょけん)

● ● 기타

☐ 開け閉め(あけしめ)

☐ お年寄り(おとしより)

☐ 寛容さ(かんようさ)

☐ 高齢者(こうれいしゃ)

☐ 仕組み(しくみ)

☐ 自己責任(じこせきにん)

☐ 疎外感(そがいかん)

☐ 助け合い(たすけあい)

☐ 平地(へいち)

☐ 飽食(ほうしょく)

☐ ボランティア

☐ 見かけ(みかけ)

☐ 要点(ようてん)

☐ ライフライン

☐ 老後(ろうご)

● ● 숙어표현

☐ 借りを作る(かりをつくる)

☐ 岐路に立つ(きろにたつ)

☐ 底をつく(そこをつく)

☐ 面倒を見る(めんどうをみる)

でん　とう　ぶん　か
伝統文化

시대가 변화함에 따라 전통 문화에 대한 시각에도 다양한 변화가 생기고 있습니다.

여러분은 전통 문화에 대해 어떤 생각을 가지고 있나요?

이 과에서는 전통 문화와 관련하여 다양한 소주제로 이야기해 봅시다.

質問を読んで、答えを選んでください。選んだ理由も話しましょう。

1 次のうち、日本で祝日ではない日は？

① 建国記念日   ② 憲法記念日

③ 子供の日   ④ クリスマス

2 日本の伝統スポーツのうち、見に行きたい試合は？

① 相撲   ② 空手

③ 柔道   ④ 弓道

3 日本の伝統芸能のうち、習ってみたいものは？

① 茶道   ② 俳句

③ 三味線   ④ 着物の着付け

4 日本の箸マナーのうち、やってはいけないと知らなかったものは？

① 箸で突き刺して食べ物をとる   ② ご飯に箸を突き刺す

③ 食器を箸で手前に引き寄せる   ④ 箸と箸で料理のやりとりをする

단어

建国記念日 건국기념일 | **憲法記念日** 헌법제정기념일 | **柔道** 유도 | **弓道** 궁도 | **茶道** 다도 | **俳句** 하이쿠(일본의 짧은 시의 한 종류) |
三味線 샤미센(일본의 현악기) | **着付け** 기모노를 제대로 입는 일 | **マナー** 매너 | **突き刺す** 푹 찌르다

フリートーキング１

これは、日本の20〜50代を対象に、「正月の一番の楽しみ」についてアンケート調査を実施した結果です。これを見て、次の質問に答えましょう。

正月の一番の楽しみ

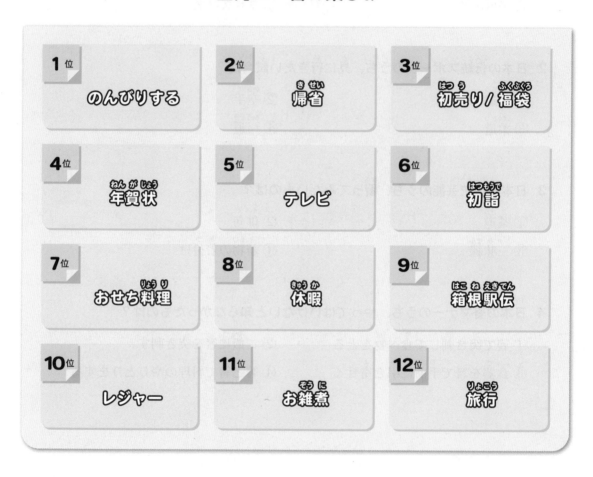

1位	2位	3位
のんびりする	帰省	初売り／福袋

4位	5位	6位
年賀状	テレビ	初詣

7位	8位	9位
おせち料理	休暇	箱根駅伝

10位	11位	12位
レジャー	お雑煮	旅行

1 1〜12位の中で、日本独特の正月の楽しみ方はどれですか。

2 日本にはない、韓国での正月の楽しみ方には、どんなものがありますか。

3 韓国では、陽暦の正月である「新正」と旧暦の正月である「旧正」があります。
この2つは、自分にとってどういう違いがあるか述べてください。

単語

帰省 귀성 | **初売り** 그해 첫 마수걸이 | **福袋** 정월에 여러 가지 물건을 넣고 싸게 파는 것 | **初詣** (신사나 절의) 정월의 첫 참배 |
箱根駅伝 정월에 하코네에서 실시하는 마라톤 대회 | **お雑煮** 정월에 먹는 일본식 떡국 | **独特だ** 독특하다 | **陽暦** 양력 | **旧暦** 음력

京都は誰のもの？

　以前、京都駅の建物が現代的なビルになったとき、テレビのインタビューで東京在住の会社員が「非常に残念なことだ」と話していたことがある。一体、どうしてそんなことが言えるのかと、私は驚きと怒りをもってテレビを見た。

　私は、「京都の美しい景観を残すべきだ」という、昨今の風潮を常々疑問に感じてきた。
05　もちろん、数々の文化財を好き放題に壊して、その跡地に高層ビルを建ててもかまわないなどとは考えていない。しかし、「美しい景観」とは何を指すのだろうか。10年ほど前から、有名なキャッチフレーズと共に放送されている鉄道会社のCMがあるが、そこでの京都は、春は桜、秋は紅葉が美しい、忘れかけていた日本人の心を取り戻すことができる町というイメージである。結局は、観光客として訪問したときにがっかりしたくない、ということなのではあるまいか。そこで生活している人の気持ちを考えたことがあるのだろ
10　うか。私は疑問に思わずにはいられない。

　それに、京都の「美しい景観」とは一体いつごろのことを指すのだろうか。京都が今のような景観になったのは、せいぜいこの数十年のことだろう。京都は、1200年という長い歴史を持っている。1200年にわたってその姿はさまざまに変わってきたわけで、この数十
15　年の姿は、千百何十年目かに現われた、ただのひとつの風景なのだ。それを永遠に保存しようというのは、自己満足に過ぎないと思う。京都の景観を保存しようとする人々が愛しているのは、現在の生きている京都という町ではないのだ。

　歴史と共に変わり続けること、それが京都の本当の魅力であると私は思う。京都だけではない。観光都市を作り物の都市にしてしまうことに、私は反対する。

20

★上の文章を読んでどんな感想を持ちましたか。自由に話し合ってみましょう。

考えてみよう

歴史ある街の景観は……

保存されるべきだ   変化してもしかたない

STEP 2 話し合ってみよう

1のように考える理由は何ですか。
韓国や世界の観光都市を挙げながら、話し合ってみましょう。

STEP 3 結論

周りの人と話し合って、あなたの考えは変わりましたか。
あなたの出した結論をまとめましょう。

단어

驚き 놀람 | 怒り 화, 분노 | ～をもって ～으로, ～을 통해 | 景観 경관 | 風潮 풍조, 경향 | 常々 평소, 늘 | 疑問 의문 |
文化財 문화재 | 好き放題だ 좋을 대로 하다 | 跡地 건물이나 농작물이 있던 땅 | 高層ビル 고층 빌딩 | キャッチフレーズ 캐치프레이즈 |
取り戻す 되찾다 | がっかり(する) 실망하는 모양 | せいぜい 기껏해야 | 現われる 나타나다 | ただの 단지 | 永遠に 영원히 |
自己満足 자기만족 | 作り物 모조품

表現を広げよう

💡 例文を見て表現の使い方を確認したあと、空欄に適当な言葉を入れて文を完成させましょう。

🌱 ～ではあるまいか（＝～ではないだろうか）

・こんな高い値段をつけるとは、あまりにも非常識ではあるまいか。

・もしかして、私はだまされているのではあるまいか。

・彼女は、知らないふりをしているが、実は（　　　　　　　　　　　　）のではあるまいか。

🌱 ～ずにはいられない（＝～しないでいることはできない）

・かゆくてかゆくて、かかずにはいられない。

・困っているおばあさんを見て、声をかけずにはいられなかった。

・私は、ストレスがたまると、（　　　　　　　　　　　　　　　　）ずにはいられない。

🌱 ～にわたって（＝～の範囲で）

・工事のため、約3キロにわたって渋滞が続いている。

・停電により、数時間にわたってコンピューターが使えなくなった。

・競技大会は、（　　　　　　　　　　　　　　　　）にわたって開催される。

🌱 ～に過ぎない（＝ただ～だけだ）

・日本語ができるといっても、ひらがなが読めるに過ぎない。

・サンフランシスコの人口は、ニューヨークのわずか10分の1に過ぎない。

・怪我といっても、（　　　　　　　　　　　　　　　　　　）に過ぎない。

단어

だます 속이다 ｜ かく 긁다 ｜ **停電** 정전 ｜ **競技大会** 경기대회

ディベート

💡 隣の人と、またはグループ同士で2つの立場に分かれて、ディベートをしてみましょう。

> **議題**

1 外来語の使用を国で制限した方がいいと思う?
2 着物やハンボクなどの伝統衣装は、伝統の形を守るべき?
  形が変わっていってもいいと思う?
3 多額の税金を使っても、文化財は残すべき? 予算に合わせて縮小すべき?

STEP 1　まず、自分の意見を書きましょう。

STEP 2　そう思う理由を書きましょう。

STEP 3　相手からどんな反論が来るか予想してみましょう。

STEP 4　その反論にどう答えるか考えましょう。

STEP 5　さあ、ディベート開始!

> **단어**

外来語 외래어 ｜ **ハンボク** 한복 ｜ **伝統衣装** 전통 의상 ｜ **多額** 다액, 고액

次の手順で話してみましょう。

文化体験ツアー

やりかた

1 ペア / グループで、旅行会社の社員になったつもりで、ツアープランを考える。
<u>伝統的な文化と現代的な文化を一度に楽しめるツアー商品を考えること。</u>

2 プランを考えたら、魅力的なツアー名も考えてみる。

3 クラスで発表する。

4 自分のグループのプラン以外でどのグループのプランがいいか、選ぶ。

ツアータイトル [   ]

1日目
・見学場所
・食事
・アピールポイント

2日目
・見学場所
・食事
・アピールポイント

3日目
・見学場所
・食事
・アピールポイント

알고 있는 단어들을 네모 안에 체크해 봅시다.

●● 1류동사

☐ かく
☐ だます
☐ 突き刺す(つきさす)
☐ 取り戻す(とりもどす)

●● 2류동사

☐ 現われる(あらわれる)

●● な형용사

☐ 好き放題だ(すきほうだいだ)
☐ 独特だ(どくとくだ)

●● 부사

☐ 永遠に(えいえんに)
☐ がっかり
☐ せいぜい
☐ 常々(つねづね)

●● 달력, 기념일

☐ 旧暦(きゅうれき)
☐ 建国記念日(けんこくきねんび)
☐ 憲法記念日(けんぽうきねんび)
☐ 陽暦(ようれき)

●● 예술

☐ 弓道(きゅうどう)
☐ 茶道(さどう)
☐ 三味線(しゃみせん)

☐ 柔道(じゅうどう)
☐ 俳句(はいく)
☐ 文化財(ぶんかざい)

●● 문화, 행사

☐ お雑煮(おぞうに)
☐ 箱根駅伝(はこねえきでん)
☐ 初売り(はつうり)
☐ 初詣(はつもうで)
☐ 福袋(ふくぶくろ)

●● 감정

☐ 怒り(いかり)
☐ 驚き(おどろき)
☐ 疑問(ぎもん)
☐ 自己満足(じこまんぞく)

●● 기타

☐ 外来語(がいらいご)
☐ 帰省(きせい)
☐ 競技大会(きょうぎたいかい)
☐ 景観(けいかん)
☐ 高層ビル(こうそうビル)
☐ 多額(たがく)
☐ 作り物(つくりもの)
☐ 停電(ていでん)
☐ 風潮(ふうちょう)
☐ マナー

11

しょく　あん　ぜん
食の安全

건강에 대한 관심이 높아지면서 더 안전하고 건강한 식품을 찾는 사람들이 늘고 있습니다.
여러분은 안전한 식품 섭취를 위해 어떤 노력을 하고 있나요?
이 과에서는 식품 안전과 관련하여 다양한 소주제로 이야기해 봅시다.

質問を読んで、答えを選んでください。選んだ理由も話しましょう。

1 買い物のとき、原材料や食品添加物の表示を見る？

① 必ず見る
② 時々見る
③ あまり見ない
④ 全然見ない

2 食中毒の予防、自分ではできそうにないものは？

① 生ものは食べない
② 調理器具を消毒する
③ まな板を使い分ける
④ 肉や魚を密閉保存する

3 成人病(生活習慣病)の予防のために気をつけていることは？

① 何でもよく食べる
② 運動する
③ 飲酒や喫煙をしない
④ 塩分控えめ

4 次の加工食品のうち、なるべく摂らないようにしているものは？

① ハム・ソーセージ類
② 炭酸飲料
③ 冷凍食品
④ 菓子類

단어

原材料 원재료 | **添加物** 첨가물 | **食中毒** 식중독 | **生もの** 날것 | **まな板** 도마 | **使い分ける** (목적에 따라) 구별하여 쓰다 |

密閉 밀폐 | **成人病** 성인병 | **加工食品** 가공식품 | **摂る** 섭취하다 | **〜類** ~류(같은 종류의 것) | **炭酸飲料** 탄산음료

💡 インスタント食品は体に良くないと言われていますが、あなたはインスタントラーメンを
どのぐらい食べていますか。グラフを見て、質問に答えましょう。

グラフ①　インスタントラーメンの年間消費量の国際比較

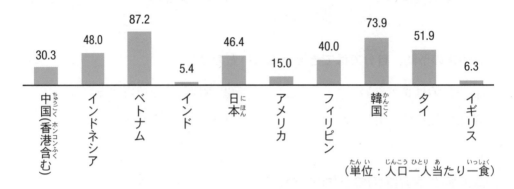

30.3	48.0	87.2	5.4	46.4	15.0	40.0	73.9	51.9	6.3
中国（香港含む）	インドネシア	ベトナム	インド	日本	アメリカ	フィリピン	韓国	タイ	イギリス

（単位：人口一人当たり一食）

出典：社会実情データ図録
http://honkawa2.sakura.ne.jp/0445.html

グラフ②　どんなときにインスタントラーメンを食べるか(日本)

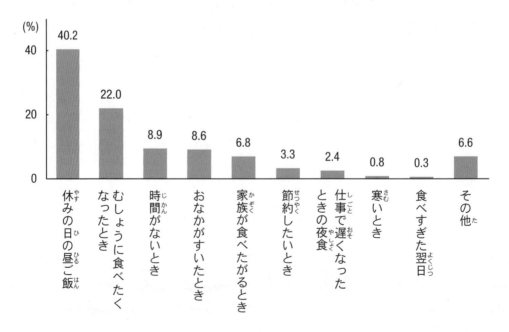

(%)									
40.2	22.0	8.9	8.6	6.8	3.3	2.4	0.8	0.3	6.6
休みの日の昼ご飯	むしょうに食べたくなったとき	時間がないとき	おなかがすいたとき	家族が食べたがるとき	節約したいとき	仕事で遅くなったときの夜食	寒いとき	食べすぎた翌日	その他

1　グラフ①を見て、どんなことがわかりますか。

2　あなたはインスタントラーメンをどんなときに食べますか。グラフ②と比べてみましょう。また、あなたの食べ方のこだわりを教えてください。

3　インスタント食品を消費するとき、どんなことに気をつけていますか。あなたの考えを話してください。

単어

インスタントラーメン 인스턴트 라면 ｜ **むしょうに** 무턱대고 ｜ **夜食** 야식 ｜ **翌日** 다음 날 ｜ こだわり 구애됨, 고집

食の安全、どう守る？

　添加物が入っていないとして売られていた商品に、実は添加物が入っていた。消費期限が過ぎた商品を、日付を偽って売っていた。このような食品の安全をめぐるスキャンダルがマスコミで大きく報道されるようになって以来、消費者が食品の安全に対して特別に気を付けるようになりました。しかし、過敏に反応した結果、会社の経営を追い詰めているケースが増えています。

　ある食品メーカーに、インスタント麺の袋が膨らんでいるという苦情が入りました。すぐに調査した結果、原因は粉末スープに入っている酵母菌のわずかな分量ミス。保健所の判断では、健康には害がないということでした。ミスがあったとはいえ、健康上の問題はなく、しかも膨らんだのは一部の商品だけ。しかし、食品メーカーとしての信用を守るため、商品全体を回収しました。回収のためにかかった費用は5000万円。この会社は、この1回のリコールのせいで倒産寸前まで追い込まれてしまいました。

　さらに、最近では、消費者からのとんでもない苦情も増えているといいます。「飲みかけのジュースを職場のロッカーに保管し、10日後に飲んでおなかを壊した」「びんビールを密閉して冷凍庫に入れておいたら、びんが砕けた」「料理酒を飲んでいるが、おいしくない」などなど。消費者の一般常識、つまり生活力が低下していることも、大量リコールの一因となっているのです。このような苦情にも、メーカーは全て対応しなければなりません。

　とはいえ、自分の身を守るのは自分だけ。何でも大目に見ていたら、いつ危険な目にあうかもわかりません。商品を提供する側にも負担にならず、消費者側の安全も守れる。そんな関係を作るためには、まだまだ課題が残っているようです。

★上の文章を読んでどんな感想を持ちましたか。自由に話し合ってみましょう。

STEP 1 考えてみよう

もし、買ってきた商品に、異常が見つかったら……（例：インスタント麺の袋が膨らんでいた / スナック菓子の袋が一部破れていた、など）

返品する

そのまま食べる

STEP 2 話し合ってみよう

1のように行動する理由は何ですか。
食べ物に対するリスク回避行動について、話し合ってみましょう。

STEP 3 結論

周りの人と話し合って、あなたの考えは変わりましたか。
今後、どうすれば販売者と消費者がいい関係を築けるでしょうか。

단어

消費期限 소비 기한 | **日付** 날짜 | **偽る** 속이다, 위조하다 | **過敏だ** 과민하다 | **追い詰める** 몰아넣다, 추궁하다 |

メーカー 메이커, 제조사 | **膨らむ** 부풀어 오르다 | **酵母菌** 효모균 | **害** 해 | **回収する** 회수하다 | **リコール** 리콜 | **倒産** 도산 |

寸前 바로 전 | **追い込む** 몰아넣다 | **おなかを壊す** 배탈이 나다 | **砕ける** 깨지다 | **一般常識** 일반 상식 | **大量** 대량 |

一因 한 가지 원인 | **大目に見る** 봐주다 | **〜目にあう** 〜한 경우를 당하다 | **回避** 회피

表現を広げよう

💡 例文を見て表現の使い方を確認したあと、空欄に適当な言葉を入れて文を完成させましょう。

🌱 ～をめぐる（＝～を議論の中心点とする）

- この小説は、1人の女性をめぐる三角関係を描いたものだ。
- 遺産相続をめぐる争いは、年々増加傾向にある。
- （　　　　　　　　　　　　　　　　　　）をめぐる議論は、まだまだ終わりそうにない。

🌱 ～て以来（＝～してから、ずっと）

- 一人暮らしを始めて以来、ほぼ毎日外食が続いている。
- 結婚して以来、一度も夫婦で旅行をしたことがない。
- 日本に来て以来、（　　　　　　　　　　　　　　　　　）。

🌱 ～とはいえ（＝～けれども）

- 偽物とはいえ、この絵はよくできている。
- 試験が終わったとはいえ、遊んでばかりはいられない。
- （　　　　　　　　　　　　　　　　）とはいえ、食べ過ぎは体に良くない。

🌱 ～せいで（＝～が原因で）

- 寝不足のせいで、頭がぼんやりする。
- よく確かめなかったせいで、名前の読み方を間違ってしまった。
- （　　　　　　　　　　　　　　　　）せいで、私まで先生に叱られた。

단어

三角関係 삼각관계 ｜ **遺産相続** 유산 상속 ｜ **争い** 싸움, 다툼 ｜ **偽物** 가짜 ｜ **ぼんやり(する)** 어렴풋하고 멍한 모양

ディベート

💡 隣の人と、またはグループ同士で2つの立場に分かれて、ディベートをしてみましょう。

議題

1 賞味期限が過ぎたしょうゆは使った方がいい？捨てた方がいい？

2 料理に化学調味料を使うことに賛成？ 反対？

3 飲食店で食べ切れなかった残り物の持ち帰りを禁じることに賛成？ 反対？

STEP 1 まず、自分の意見を書きましょう。

_____

_____

STEP 2 そう思う理由を書きましょう。

_____

_____

_____

STEP 3 相手からどんな反論が来るか予想してみましょう。

_____

_____

_____

STEP 4 その反論にどう答えるか考えましょう。

_____

_____

STEP 5 さあ、ディベート開始！

단어

化学調味料 화학조미료 ｜ **飲食店** 음식점

💡 次の手順で話してみましょう。

カロリー当てゲーム

やりかた

1 3つの料理を、カロリーが低い順に並べてみる。

2 ペア / グループで、どうしてその順番になったか、理由を話す。
　どのくらいのカロリーかも、予想してみる。

3 先生から正解を聞く。

4 カロリーをとりすぎないために、外食でどんなことに気を付けるべきか、
　グループで話す。

洋食編

カレーライス

和風ハンバーグ

ビーフシチューオムライス

丼編

ねぎとろ丼

牛丼

天丼

デザート編

パンケーキ

フルーツヨーグルト

ソフトクリーム&コーヒーゼリー

단어

丼 덮밥 | ねぎとろ丼 참치와 파를 얹은 덮밥 | 牛丼 소고기덮밥 | 天丼 튀김덮밥

単語チェック
단어체크

알고 있는 단어들을 네모 안에 체크해 봅시다.

●● 1류동사

□ 偽る(いつわる)

□ 追い込む(おいこむ)

□ 摂る(とる)

□ 膨らむ(ふくらむ)

●● 2류동사

□ 追い詰める(おいつめる)

□ 砕ける(くだける)

□ 使い分ける(つかいわける)

●● 3류동사

□ 回収する(かいしゅうする)

●● な형용사

□ 過敏だ(かびんだ)

●● 부사

□ ぼんやり

●● 음식, 요리

□ 化学調味料(かがくちょうみりょう)

□ 牛丼(ぎゅうどん)

□ 原材料(げんざいりょう)

□ 酵母菌(こうぼきん)

□ 消費期限(しょうひきげん)

□ 炭酸飲料(たんさんいんりょう)

□ 添加物(てんかぶつ)

□ 天丼(てんどん)

□ 丼(どんぶり)

□ まな板(まないた)

●● 기타

□ 争い(あらそい)

□ 遺産相続(いさんそうぞく)

□ 一般常識(いっぱんじょうしき)

□ 害(がい)

□ 回避(かいひ)

□ こだわり

□ 三角関係(さんかくかんけい)

□ 食中毒(しょくちゅうどく)

□ 成人病(せいじんびょう)

□ 大量(たいりょう)

□ 倒産(とうさん)

□ 偽物(にせもの)

□ 日付(ひづけ)

□ 密閉(みっぺい)

□ メーカー

□ 翌日(よくじつ)

□ 〜類(〜るい)

●● 숙어표현

□ 大目に見る(おおめにみる)

□ おなかを壊す(おなかをこわす)

□ 〜目にあう(〜めにあう)

12

しゅう　しょく　　　てん　しょく
就職・転職

취직이나 전직 같은 중요한 선택을 할 때는 여러 가지 고민을 하게 됩니다.
여러분이 취직 또는 전직을 한다면 무엇에 중점을 둘 건가요?
이 과에서는 취직, 전직과 관련하여 다양한 소주제로 이야기해 봅시다.

💡 質問を読んで、答えを選んでください。選んだ理由も話しましょう。

1 就職先を決めるとき、一番重要視することは？

① 自分の能力が生かせること ② 個人の生活が守れること

③ 希望する地域で働けること ④ 会社や業界の安定性があること

2 次のうち、一番上司にしたいタイプは？

① 知識や経験が豊富な人 ② 人柄が信頼できる人

③ 指示がわかりやすい人 ④ リーダーシップがある人

3 どうしても入りたいけれど、不採用になってしまった企業に、もう一度応募する？

① もう応募しない ② もう一度だけ応募する

③ 受かるまで応募する ④ 周りと相談して決める

4 いつ仕事を辞めたくなる？

① 仕事がきついとき ② 仕事がおもしろくないとき

③ 上司と合わないとき ④ 仕事上の失敗をしたとき

단어

就職先 취직처 | **生かす** 살리다, 발휘하다 | **業界** 업계 | **人柄** 인품 | **どうしても** 무슨 일이 있어도, 꼭 | **不採用** 불채용, 불합격 |
応募する 응모하다, 지원하다 | **受かる** 합격하다 | **辞める** 그만두다 | **きつい** 힘들다 | **合わない** 맞지 않다

これは、ある会社の正社員募集の広告です。これを見て、質問に答えましょう。

【会社の概要】

設立	1982年
事業内容	・衣料品の製造および海外衣料品の輸入販売 ・マーケット調査・企画
従業員数	360名
募集職種	・販売 ・マーケティング （どちらに配属になるかは、入社後決定します。）
その他	・東京本社勤務が基本ですが、支社へ移動することもあります。 （大阪支社、海外支社）

1 この会社に採用されるために効果的だと思われるアピールポイントを下の
①～⑧から1つ選んでください。選んだ理由も話しましょう。

① プラス思考	② リーダーシップ	③ 英語力	④ 発想力
⑤ 接客力	⑥ 体力	⑦ 自己管理能力	⑧ その他

2 あなたは次のうち、どんな業種に興味がありますか。

IT・通信	メーカー	商社・流通	メディア	金融
メディカル	サービス	建設・不動産	小売・外食	

3 採用面接で使えるあなたのアピールポイント(長所)は何ですか。

単어

正社員 정사원 | **衣料品** 의료품, 의류 | **製造** 제조 | **従業員** 종업원 | **マーケティング** 마케팅 | **配属** 배속 | **支社** 지사 |
プラス思考 긍정적 사고 | **接客力** 접객 능력 | **流通** 유통 | **メディア** 미디어 | **金融** 금융 | **メディカル** 메디컬, 의료 | **建設** 건설 |
不動産 부동산 | **小売** 소매

幸せな就職ってなんだろう

　誠治は２つの会社の間で悩んでいた。ひとつは、そこそこ名の知れた食品メーカー。もうひとつは、従業員わずか6人の土木会社。

　普通の就職活動中の大学生なら、迷わず大きい方の企業を選ぶだろう。大企業ならまず給料が安定しているし、社員が使える福利制度もきちんと整備されている。会社は大きい方がいい、という言葉は学生時代の誠治だったら鼻で笑っていたところだったが、今の誠治にはその安心感が痛いほどわかる。というのも、誠治は大学卒業後、一度新卒として就職したのだった。その会社も大企業だった。しかし、無駄に長い社員研修や話の通じない上司に嫌気がさすあまり、たった3か月でやめてしまったのだ。それからは地獄の日々だった。新しく受けた会社は100社を超える。それでも内定は1年半の間、ひとつももらえなかった。正直、食品関係というのは興味のある分野ではないものの、この安心感は買ってでも欲しい。

　一方で、誠治は就職活動のかたわら、生活費を稼ぐために日給のいい土木工事のアルバイトを始めた。肉体労働なんてと最初はバカにしていたが、社長である作業長は、理屈ばかりで役立たずの自分を一から鍛えてくれた。一緒に仕事をする仲間たちは、チームワークを一番に考えていて、作業が遅れていれば協力して残業し、誰かに困ったことがあれば損得勘定なしにすぐに助けてくれる、すばらしい同僚たちだった。仕事するって楽しいことなんだ、と誠治は気づくことができた。そのころ、社長に作業を管理する側として正社員にならないかという話をもらった。

　これは、ある小説の一場面です。結局、誠治は土木会社を選ぶことになります。待遇よりもやりがいで仕事を選んだわけですが、この後誠治は、充実した会社人生を歩むことができるでしょうか。

★上の文章を読んでどんな感想を持ちましたか。自由に話し合ってみましょう。

考えてみよう

会社は……

待遇で選ぶべきだ　　　　やりがいで選ぶべきだ　　　　その他

STEP 2

話し合ってみよう

1のように考える理由は何ですか。
あなたの意見を、周りの人と話し合ってみましょう。

STEP 3

結論

周りの人と話し合って、あなたの考えは変わりましたか。
あなたの出した結論をまとめましょう。

そこそこ 그럭저럭(충분치는 않지만 만족할 정도임) | 名の知れた 이름이 알려진 | わずか 불과 | 福利 복리 | 鼻で笑う 코웃음 치다 |
新卒 그 해에 졸업한 새 졸업자 | 通じる 통하다 | 嫌気がさす 넌덜머리가 나다 | たった 겨우, 그저 | 超える 넘다 |
正直 사실, 솔직히 | 鍛える 단련시키다 | 損得勘定 손익계산 | 待遇 대우 | やりがい 일하는 보람

💡 例文を見て表現の使い方を確認したあと、空欄に適当な言葉を入れて文を完成させましょう。

🌱 ～あまり（＝～過ぎて）

・心配のあまり、昨夜はほとんど眠れなかった。

・本屋で見つけた絵本を懐かしさのあまり衝動買いしてしまった。

・味にこだわるあまり、父はわざわざ遠くの店まで食べに行った。

・楽しさのあまり、（　　　　　　　　　　　　　　　　　　　　　　　）。

🌱 ～ものの（＝～けれども）

・運転は習ったものの、すっかり忘れてしまった。

・エアコンを買ったものの、冷夏でほとんど使っていない。

・励まされたものの、やる気が出ないのは困ったことだ。

・頭ではわかっているものの、（　　　　　　　　　　　　　　　　　　）。

🌱 ～かたわら（＝～一方で）

・妻は、家事のかたわら、お茶の稽古に励んでいる。

・張さんは、日本語を勉強するかたわら、友達に中国語を教えている。

・私は、会社を経営するかたわら、趣味で作曲活動をしている。

・田中さんは、（　　　　　　　　　　　）かたわら、画家としても活躍している。

단어

絵本 그림책 | **懐かしさ** 그리움 | **衝動買い** 충동구매 | **冷夏** 예년에 비해 덥지 않은 여름 | **励む** 힘쓰다, 노력하다 |

やる気 할 마음, 의욕 | **稽古** (학문·기술 등을) 익힘, 연습 | **画家** 화가

ディベート

💡 隣の人と、またはグループ同士で2つの立場に分かれて、ディベートをしてみましょう。

議題

1 人柄が最低だが仕事ができる上司と、人柄が最高だが仕事ができない上司、どちらの部下になりたい？

2 就職の条件として年齢制限を設けることに賛成？反対？

3 終身雇用制度に賛成？反対？

STEP 1 まず、自分の意見を書きましょう。

STEP 2 そう思う理由を書きましょう。

STEP 3 相手からどんな反論が来るか予想してみましょう。

STEP 4 その反論にどう答えるか考えましょう。

STEP 5 さあ、ディベート開始！

단어

最低だ (인품, 성질 등이) 형편없다 | **終身雇用** 종신 고용

就職活動では、自己分析を行うのが定番です。「ジョハリの窓」を使って自己分析をしてみましょう。

ジョハリの窓

ジョハリの窓とは？

自分が知っている自分、他人が知っている自分を４つの窓（カテゴリ）に分類する方法で、主観的に見た自分と客観的に見た自分を知ることができ、効果的な自己分析になります。

やりかた

1 ４〜５人ずつのグループになります。小さな紙をグループの人数分準備しましょう。

(4人グループなら1人につき4枚の紙)

2 まず、1枚の紙に自分の性格だと思う要素を142ページの①〜⑲から複数選び、その番号を書き出します。

3 残りの紙に相手の性格だと思う要素を書き、その人に渡します。

(自分の手元にはグループの人数分の紙が残ります。)

4 自分が書いた番号と相手が書いた番号が重なっている場合、その番号を(A)に書きます。

5 相手が書いて自分が書いていない番号は(B)に、自分が書いて相手が書いていない番号は(C)に、誰も書いていない番号は(D)に書きます。

6 書き出された結果を見て、自分と他人の認識の違いについて感じたことをグループで話し合いましょう。

A. 開放の窓：自分も他人も知っている自己

B. 盲点の窓：自分は気がついていないが、他人は知っている自己

C. 秘密の窓：自分は知っているが、他人は気づいていない自己

D. 未知の窓：誰からもまだ知られていない自己

単語

自己分析 자기 분석 | 定番 일반적 | 主観的だ 주관적이다 | 客観的だ 객관적이다 | 人数分 인원수만큼 | 要素 요소 |

書き出す 써내다 | 認識 인식 | 開放 개방 | 盲点 맹점 | 秘密 비밀 | 未知 미지

単語チェック
단어체크

알고 있는 단어들을 네모 안에 체크해 봅시다.

● 1류동사

☐ 生かす(いかす)
☐ 書き出す(かきだす)
☐ 励む(はげむ)

● 2류동사

☐ 鍛える(きたえる)
☐ 超える(こえる)
☐ 通じる(つうじる)

● 3류동사

☐ 応募する(おうぼする)

● い형용사

☐ きつい

● な형용사

☐ 客観的だ(きゃっかんてきだ)
☐ 主観的だ(しゅかんてきだ)

● 부사

☐ たった
☐ 正直(しょうじき)
☐ わずか

● 취업

☐ 支社(ししゃ)
☐ 従業員(じゅうぎょういん)
☐ 就職先(しゅうしょくさき)
☐ 終身雇用(しゅうしんこよう)
☐ 新卒(しんそつ)

☐ 正社員(せいしゃいん)
☐ 待遇(たいぐう)
☐ 配属(はいぞく)
☐ 福利(ふくり)
☐ 不採用(ふさいよう)

● 직종

☐ 金融(きんゆう)
☐ 建設(けんせつ)
☐ 製造(せいぞう)
☐ 不動産(ふどうさん)
☐ マーケティング
☐ メディア
☐ メディカル
☐ 流通(りゅうつう)

● 기타

☐ 開放(かいほう)
☐ 自己分析(じこぶんせき)
☐ 衝動買い(しょうどうがい)
☐ 人柄(ひとがら)
☐ やりがい
☐ やる気(やるき)

● 숙어표현

☐ 嫌気がさす(いやけがさす)
☐ 名の知れた(なのしれた)
☐ 鼻で笑う(はなでわらう)

12 就職・転職 127

모범답안

Lesson 01

ペット

1 解答例

- 2013年から2021年の8年間に、犬の飼育数は100万頭以上減少しているが、猫の飼育数は徐々に増加している。

  2013년부터 2021년의 8년 동안에 개 사육수는 100만 마리 이상 감소하고 있지만, 고양이 사육수는 서서히 증가하고 있다.

フリートーキング2

동물과 인간의 좋은 관계란?

바깥을 산책할 때 함께 걸어 주는 강아지. 집에서 독서를 할 때 옆에서 기분 좋은 듯이 자는 고양이. 그런 애완동물과의 생활을 동경하는 사람은 꽤 많이 있겠지요?

애완동물을 키우는 것은 인간에게 다양한 좋은 영향을 준다고 합니다. 동물과 접촉하면 마음이 안정되거나 스트레스가 경감된 기분이 들고는 합니다. 확실히는 잘 모르겠으나 뇌 안에 '행복 호르몬'으로 불리는 물질이 나온다나 뭐라나. 애완동물을 키우는 것은 인간에게 치유의 효과가 있다고 합니다. 그리고, 아이가 있는 가정에서 애완동물을 키우면, 아이가 생명의 소중함이나 책임감, 배려의 마음을 익히는 좋은 기회가 된다고도 합니다.

애완동물을 '소중한 가족의 일원'으로 받아들이는 사람이 늘어남에 따라 애완동물 산업도 활기를 띠고 있습니다. 고급 애완동물 사료와 옷 같은 것뿐만 아니라 애완동물 호텔이나 애완동물 돌보미, 애완동물 동반으로 갈 수 있는 레스토랑이나 여행 등 애완동물과의 생활을 보다 충실히 하기 위한 서비스가 질, 양 모두 해마다 향상되고 있습니다.

한편으로, 애완동물을 키우는 사람과 키우지 않는 사람 사이에서는 애완동물에 대한 감각이 조금 다른 것도 사실. 애완동물을 키우는 사람 사이에서는, 아이처럼 귀여워하면서 함께 사는 가족에게 '애완동물', '키우다'라는 표현을 쓰면 위화감이 있다는 의견도 있습니다. 키우지 않는 사람이나 동물에 관심이 없는 사람에게는, 아무리 훈육이 잘 되어 있든, 인간을 잘 따른다고 하든, 애완동물은 애완동물, 인간은 인간이라는 것입니다.

주인이나 애완동물이 고령화되고 있는 문제나, 끝까지 키울 수 없게 되어 버려진 애완동물이 야생화되어 버

리는 문제 등, 애완동물에 대해서는 생각해야 할 일도 많이 있습니다. 인간과 동물의 좋은 관계, 당신은 어떻게 생각합니까?

表現を広げよう

1
- 아이는 바깥에서 활발히 노는 법이다.
- 사람의 운명은 모르는 법이다.
- 学生は(毎日勉強する)ものだ。

  학생은 (매일 공부하는) 법이다.

2
- 다음 달, 도쿄에 오신다는데. 꼭 뵙고 싶습니다.
- 텔레비전에서 봤는데, 파리에서 화재가 있었다던데. 걱정되시겠네요.
- (歓迎会で得意のマジックを見せてくださる)とか。楽しみにしています。

  (환영회에서 잘하는 마술을 보여 주신다)던데. 기대하고 있습니다.

3
- 비가 내리든, 눈이 내리든 이 작업은 계속해야 한다.
- 진학하든, 취업하든, 나는 아이의 의사를 존중할 작정이다.
- 家族が賛成しようが、反対しようが、(留学するという私の気持ちは変わらない)。

  가족이 찬성하든 반대하든, (유학한다는 내 마음은 변하지 않는다).

4
- 선배는 해외에 출장갔다고 한다. 몇 번이나 전화해도 받지 않는 것이다.
- 근처에서 불꽃놀이가 있대. 그러니 이렇게 사람이 많은 것이구나.
- 彼女は結婚が決まったそうだ。どうりで(最近機嫌がいい)わけだ。

  그녀는 결혼이 정해졌다고 한다. 어쩐지 (최근에 기분이 좋은) 것이다.

みんなで考えよう

解答例

- 自分のタイプ：さる
- 結果(キーワード)：純粋、明るい、頭がいい
- 자신의 타입: 원숭이
- 결과(키워드): 순수, 밝다, 머리가 좋다

Lesson 02
AI 時代（じだい）

フリートーキング2

편리한 온라인 생활

신형 코로나바이러스(COVID-19)의 세계적 유행을 계기로 급속하게 발달한 온라인 활동. 당초에는 당혹감을 호소하는 목소리가 많이 들렸지만, 지금은 생활에 자연스럽게 녹아 있습니다.

예를 들어, 원격으로 하는 수업이나 회의에서는 마이크나 카메라를 켜서 커뮤니케이션을 하는 것은 물론, 화이트보드나 소회의실과 같은 기능을 구사하면서 상당히 고도의 작업을 하는 것도 가능합니다. 비대면으로 실시함으로써 감염 예방이 되는 것 외에도, 통근·통학 시의 혼잡 완화로도 이어진다고 합니다.

게다가 온라인 활동을 대면 활동의 대체 수단으로써 소극적으로 여기는 것이 아니라, 오히려 온라인 쪽이 좋다고 생각하는 사람도 있습니다. 사이타마현에 거주하는 회사원 고지마 씨도 그중 한 명. 자택에서 참가하는 원격 회의에서는, 회의가 끝나면 나가서 바로 자신의 업무로 돌아갈 수 있어 효율이 좋고, 화장이나 복장에 신경을 쓸 필요도 없고, 급한 용건이 있으면 시간에 구애 없이 협의를 할 수 있는 것도 장점이라고 합니다. 대학생인 야스다 씨는 온라인 강좌가 늘어나 세계 각국의 학생들과 교류를 가질 기회가 많아졌다고 기뻐하고 있습니다.

이러한 의견이 있는 반면, 역시 실제로 사람과 사람이 만나야만 진정한 교류가 이루어진다고 생각하는 사람도 있습니다. 도내에 거주 중인 회사원 가와이 씨는 '회의 전후에 무심코 주고받는 잡담에서 일에 관한 아이디어가 생기기도 한다. 애초에 온라인에서는 상대와 눈을 맞출 수 없고, 깊은 커뮤니케이션을 할 수 없다'고 주장합니다.

한편, 작금의 온라인 툴에 이르러서는, 온라인 세계 안에 리얼한 인간 관계를 구축하려고 하는 움직임도 엿볼 수 있습니다. 그럼 앞으로 우리는 어떻게 온라인 세계와 오프라인 세계를 살아가면 좋을까요?

表現を広げよう

1 • 이 가게에서는 초밥이나 튀김과 같은 일본 요리를 즐길 수 있다.

• 이 학교는 태국이나 말레이시아와 같은 동남아시아에서 온 유학생이 많다.

• 深夜（しんや）のアルバイトというと、(コンビニ)や(居酒屋（いざかや）)といった仕事（しごと）を思（おも）い浮（う）かべる人（ひと）が多（おお）い。
심야 아르바이트라고 하면, (편의점)이나 (선술집)과 같은 일을 떠올리는 사람이 많다.

2 • 의견 교환을 통해 해결하지 못하는 문제는 없다.

• 남성이 육아에 참가함으로써 여성의 육아 스트레스를 경감시킬 수 있다.

• 弁護士（べんごし）の仲介（ちゅうかい）によって、無事（ぶじ）(和解（わかい）が成立（せいりつ）した)。
변호사의 중개에 따라 무사히 (화해가 성립되었다).

3 • 형은 남에게 상냥한 반면에 자신에게는 매우 엄격하다.

• 이 약은 잘 듣는 반면에 부작용이 있기 때문에 주의가 필요하다.

• 「ありがとう」と言（い）われ、嬉（うれ）しい反面（はんめん）(照（て）れくさい思（おも）いがした)。
'고마워'라는 말을 듣고 기쁜 반면에 (부끄러운 마음이 들었다).

4 • 가난한 농민에 이르러서는 먹을 것조차 없다.

• 별거에 이르러서는 이혼은 이미 시간 문제다.

• 今回（こんかい）の試験（しけん）は悪（わる）かった。特（とく）に、数学（すうがく）の試験（しけん）に至（いた）っては、(今（いま）までの最低点（さいていてん）だった)。
이번 시험은 안 좋았다. 특히 수학 시험에 이르러서는 (지금까지 중 최고 낮은 점수였다).

みんなで考えよう

A あとからアルバム：時間（じかん）や人物（じんぶつ）を指定（してい）すれば、その人（ひと）の過去（かこ）を見（み）ることができる。

B エスパーぼうし：かぶると念力（ねんりき）、瞬間移動（しゅんかんいどう）、透視（とうし）の3つの超能力（ちょうのうりょく）を使（つか）えるようになる。

C 隠（かく）れマント：はおると姿（すがた）が見（み）えなくなる。

D ほんやくこんにゃく：食（た）べると、どんな言葉（ことば）でも翻訳（ほんやく）することができる。

E ビッグライト：光（ひかり）を当（あ）てると、何（なん）でも大（おお）きくすることができる。

F タイムカプセル：何（なん）でも長（なが）い時間保存（じかんほぞん）することができる。

G どこでもドア：行（ゆ）き先（さき）を言（い）えばどこへでも行（い）くことができるドア。

H 逆時計（ぎゃくどけい）：戻（もど）りたい時間（じかん）に戻（もど）ることができる。

Lesson 03
教育(きょういく)

フリートーキング1

- EQ下位圏(か い けん)：あなたは自己(じ こ)の感情(かんじょう)をコントロールする力(ちから)に欠(か)けています。周囲(しゅうい)とうまくやっていく術(じゅつ)を身(み)につけましょう。
- EQ平均圏(へいきんけん)：あなたは他者(た しゃ)のためを思(おも)って行動(こうどう)できる人(ひと)ですが、もう少(すこ)し楽観的(らっかんてき)な見通(み とお)しと根気(こんき)を持(も)つといいでしょう。
- EQ上位圏(じょう い けん)：あなたは社会生活上(しゃかいせいかつじょう)のルールをわきまえ、臨機応変(りんきおうへん)に頭(あたま)の切(き)り替(か)えができる人(ひと)です。誰(だれ)とでも付(つ)き合(あ)える心(こころ)の柔軟性(じゅうなんせい)も磨(みが)きましょう。
- EQ最上位圏(さいじょう い けん)：あなたは自己洞察力(じ こ どうさつりょく)に優(すぐ)れていると共(とも)に、他者(た しゃ)の喜(よろこ)びや悲(かな)しみを心(こころ)から理解(り かい)できる人(ひと)です。

フリートーキング2

교육의 하나의 선택지 '월반'

아이의 연령에 상관없이 학력에 맞춘 공부가 가능한 제도인 '조기 입학'이나 '월반'. 8세 대학생이 뉴스가 되거나, 특별한 재능을 가진 주인공이 아이임에도 고등학교에 다닌다는 설정의 만화가 있다거나 해서, 본 적이 있는 사람도 많을 것입니다.

그러나 이것은 실제로는 일본에서는 실현 불가능한 이야기입니다. 일본에서는 의무 교육인 초등학교, 중학교에서는 월반이 인정되고 있지 않습니다. 이과계 학과에 한해, 고등학교 2학년생이 수험할 수 있는 대학이 일부 있지만, 아주 드문 경우입니다. 대학에서 무엇을 배웠는지보다도 출신 대학명이 중시되는 일본 사회에서는, 월반은 진학 경쟁을 한층 더 부추기게 될 것이라 염려되고 있기 때문입니다. 한편으로는 평등주의 교육에서는 개성이나 빼어난 재능이 자라지 않는다는 의견도 있습니다.

월반 제도가 도입되어 있는 나라 중 하나인 핀란드에서는 진학 경쟁은 거의 없습니다. 핀란드에서는 남과 비교해 이러쿵저러쿵이 아닌, 어디까지나 자기 자신을 위해 배우고 있다는 의식이 강하기 때문에, 학력에 문제가 있다고 교사로부터 지적을 받은 경우에는 학생 스스로

유급을 희망하는 경우도 많다고 합니다. 유급하는 것은 부끄러운 일이 아니라, 자신에게 맞는 교육을 받기 위한 하나의 수단으로 인식되어, 유급을 선택한 젊은이는 주위로부터 '뒤처진 사람'으로 간주되지 않고, 오히려 '의욕이 있다'고 교사나 반 친구들로부터 평가된다고 합니다. 반대로, 조기 입학이나 월반도 '자신의 역량을 높이는 하나의 선택지'로 받아들여지고 있습니다.

과연 월반은 '남보다 먼저 나아가는 수단'인 것일까요, '자신을 높이는 하나의 선택지'인 것일까요. 여러분은 어떻게 생각하십니까?

表現を広げよう

1
- 이 사이트에서는 구입 금액에 관계없이 송료는 모두 무료이다.
- 입회하냐 마냐에 관계없이 가볍게 연락 주세요.
- 성적의 우열에 관계없이 누구나 들어갈 수 있는 보습 학원을 찾고 있다.
- このイベントは、(年齢(ねんれい)や性別(せいべつ))にかかわりなく誰(だれ)でも参加(さん か)できる。
  이 이벤트는 (연령이나 성별)에 관계없이 누구나 참가할 수 있다.

2
- 이 주차장은 관광버스에 한해 이용할 수 있다.
- 오늘에 한해, 선착순 30명에게 생맥주를 서비스하겠습니다.
- 인터넷에서 등록한 분에 한해 연회비는 면제입니다.
- 本展覧会(ほんてんらんかい)は、(65歳以上(さい い じょう)の方(かた))に限(かぎ)り、無料(む りょう)で入場(にゅうじょう)できます。
  본 전람회는 (65세 이상의 손님)에 한해 무료로 입장할 수 있습니다.

3
- 오늘 밤은 추워서 야경 구경 등을 할 수 있을 것 같지 않다.
- 사고방식은 사람마다 다르므로 비판 등을 할 생각이 없다.
- 고추냉이의 매운 맛이 나지 않는 초밥 등은 맛없어서 먹을 수가 없다.
- 彼(かれ)は、私(わたし)の言(い)うことなど(聞(き)く耳(みみ)を持(も)たない)。
  그는 내가 말하는 것 등은 (들으려고 하지 않는다).

1 解答例

しょうゆ・鶏肉(とりにく)・卵(たまご)

2 解答例

・この図(ず)からは、親子丼(おやこどん)のような和食(わしょく)メニューも、日本(にほん)の食材(しょくざい)や調味料(ちょうみりょう)だけでは作(つく)れなくなってしまったことがわかる。足(た)りないものは外国(がいこく)から輸入(ゆにゅう)すればいいという考(かんが)え方(かた)もあるかもしれないが、何(なに)か問題(もんだい)があって輸入(ゆにゅう)できなくなれば、日本(にほん)の食文化(しょくぶんか)まで危(あぶ)なくなってしまう。日本(にほん)の農水産業(のうすいさんぎょう)をもっと活発化(かっぱつか)させた方(ほう)がいいと思(おも)う。

이 그림에서는 오야코돈과 같은 일본 음식 메뉴도 일본의 식재료와 조미료만으로는 만들지 못하게 된 것을 알 수 있다. 부족한 것은 외국에서 수입하면 된다는 생각도 있을지 모르지만, 무엇인가 문제가 있어서 수입을 하지 못하게 되면 일본의 식문화까지 위험해지고 만다. 일본의 농수산업을 더욱 활성화시키는 편이 좋다고 생각한다.

Lesson 04

イベント

フリートーキング1

1 解答例

・イベントに参加(さんか)する理由(りゆう)について「他(ほか)の参加者(さんかしゃ)と交流(こうりゅう)するため」と答(こた)えたのは10代(だい)、20代(だい)、30代(だい)の順(じゅん)に多(おお)い。一方(いっぽう)で、「非日常(ひにちじょう)の経験(けいけん)をするため」と答(こた)えたのは30代(だい)、20代(だい)、10代(だい)の順(じゅん)に多(おお)い。10代(だい)は人(ひと)との出会(であ)いのために参加(さんか)する人(ひと)が多(おお)いが、年代(ねんだい)が上(あ)がると単調(たんちょう)な日常(にちじょう)を変(か)える意味(いみ)で参加(さんか)する人(ひと)が多(おお)くなる。

이벤트에 참가하는 이유에 대해서 '다른 참가자와 교류하기 위해서'라고 응답한 것은 10대, 20대, 30대 순으로 많다. 한편으로 '비일상의 경험을 하기 위해'라고 응답한 것은 30대, 20대, 10대 순으

로 많다. 10대는 다른 사람과의 만남을 위해 참가하는 사람이 많지만, 세대가 올라가면 단조로운 일상을 바꾸려는 의미에서 참가하는 사람이 많아진다.

フリートーキング2

자신에 대한 포상(보상)

생일, 크리스마스, 밸런타인데이 등 한 해 동안 다양한 이벤트가 있습니다. 스포츠 대회 같은 취미를 즐기기 위한 이벤트도 있는가 하면, 평소의 감사의 마음이나 애정을 전하기 위한 이벤트도 있습니다. 아버지의 날이나 어머니의 날, 친한 사람의 생일 등 선물을 주어야 하는 이벤트에서는 상대가 기뻐하는 얼굴을 머릿속에 떠올리며 자신까지 기뻐지거나, 반대로 무엇을 줄지 며칠이나 고민하기도 합니다. 또한, 자신의 생일에 어떤 선물을 받을 수 있을지 두근거리는 것도, 이벤트의 묘미일 것입니다.

그런데 이벤트 때 주고받는 선물의 방식이 시대와 함께 변화하고 있는 것을 아십니까? 예를 들어 밸런타인데이. 일본에서 밸런타인데이가 널리 알려진 것은 1950~60년경. 초콜릿 회사의 상품 전략으로써 여성이 남성에게 초콜릿을 건네 마음을 전하는 날로 정착되었습니다. 하지만 그와 동시에 회사의 상사나 동료 남성에게 의례상 주는 초콜릿, 이른바 '의리 초콜릿'을 건네는 풍습도 생겼습니다. 직장의 남성 전원에게 의리 초콜릿을 건네는 것은 힘든 일. 이 풍습은 여성에게 부담이 된다고 비판받은 적도 있어 1990년 후반 무렵부터 점점 축소되었습니다.

그 대신에 성행하게 된 것이 '친구 초콜릿'입니다. 좋아하는 남성에게 주는 것이 아니라 사이 좋은 친구끼리 초콜릿을 교환하는 것입니다. 그리고 그것이 한 단계 더 진화한 것이 '자기 초콜릿'. 자신을 위해 평소에는 먹을 수 없는 고급 초콜릿 등을 구입하는 포상(보상) 초콜릿이라고 합니다. '자기 초콜릿'을 구입하는 사람은 해마다 늘어나고 있어, 지금은 여성뿐만이 아니라, 남성도 자기용으로 구입하는 사람이 있을 정도의 인기라고 합니다. 초콜릿 매장에 진열된 마치 예술 작품을 보고 있는 것 같은 아름다운 초콜릿들. 자기용으로 구입하고 싶어지는 마음도 이해됩니다.

表現を広げよう

1 ・아이의 교육비 건도 있어서 이번 달부터 일을 늘리기로 했다.

・병약한 것도 있어서 그는 어렸을 때부터 밖에서 논 적이 없다.

- 連休だったこともあって、(テーマパークはどこも人でいっぱいだった)。

  연휴였던 것도 있어서 (테마파크는 어디나 사람으로 가득 차 있었다).

2
- 유명한 관광지뿐만 아니라 조용한 시골 생활도 보고 싶다.
- 그 방법은 비용이 불어날 뿐만 아니라 비효율적이다.
- 今日は、(頭が痛い)ばかりでなく、熱もあるし、食欲もない。

  오늘은 (머리가 아플) 뿐만 아니라 열도 있고 식욕도 없다.

3
- 멋진 가방이 있어서 가격을 보니 놀랄 만큼 비쌌다.
- 이벤트를 열어 보니, 믿을 수 없을 만큼의 사람이 모였다.
- 試合で念願の勝利を果たし、(涙が出る)ほど嬉しかった。

  시합에서 염원의 승리를 이뤄서, (눈물이 날) 만큼 기뻤다.

4
- 한순간 마치 별세계에 있는 것 같은 생각이 들었다.
- 로봇은 자신의 의사가 있는 것 같은 움직임으로 주위를 놀라게 했다.
- 彼は今日初めて会うのに、(何年もお互いを知っていた)かのような態度で話してくる。

  그는 오늘 처음 만나는데 (몇 년이나 서로를 알고 있었던) 것 같은 태도로 말을 건다.

Lesson 05
美容

フリートーキング1

① 食事制限(カロリー制限)
② ウォーキング・ジョギング

フリートーキング2

아름다운 중장년이란?

'언제까지나 아름답게 있고 싶다'고 생각하는 것은, 이제는 여성뿐만이 아닙니다. 남성용 화장품도 날개 돋친 듯이 팔릴 정도로, 남성도 미용에 신경을 쓰는 시대가 되었습니다. 특히, 30대를 넘은 중장년에게는 안티에이징을 세일즈 포인트로 한 상품은 항상 인기로, 젊음을 유지한다는 것이 남녀 공통의 목표가 되었습니다.

그러한 가운데 중장년 여성을 타깃으로 한 미용 잡지를 발행하고 있는 출판사가 주최한 '아름다운 여성 콘테스트'가 세간의 주목을 받았습니다. 이 콘테스트, 참가 자격은 35세 이상의 여성. 수영복 심사도 있지만, 참가자 중에는 60세의 나이로 참가한 주부도 있어, 당당한 비키니 차림을 보여 주었습니다. 우승한 46세의 주부는 '20대로밖에 보이지 않는, 기적의 46세'로서 자주 텔레비전이나 잡지에서 다루어졌습니다. 이 콘테스트에 대해 동세대의 여성으로부터는 '젊은 여자와 경쟁하다니 꼴사납다', '젊어 보이려고 꾸미는 것이 안타깝다', '미용보다도, 남편이나 자식에게 더 관심을 기울여야 한다' 등의 비판이 잇따랐습니다만, 이에 대해 미용을 좋아하는 여성들은 '단지 언제까지나 아름답게 있고 싶을 뿐인데, 뭐가 나쁜 것인가?', '주부의 취미가 미용이라는 것일 뿐, 누구에게도 폐를 끼치지 않는다'라며 응전. 인터넷상에서 큰 논쟁이 되었습니다.

젊은 남성으로부터는, '나이에 역행해서 젊어 보이도록 꾸미는 여성은 마치 나이를 먹는 것이 나쁜 일이라고 생각하고 있는 것처럼 보여, 나이를 먹은 여성으로서의 매력을 느낄 수 없다'는 의견이 나옵니다. 결국은 '나이에 걸맞은 것이 제일'이라는 것이겠지요. 그러나 개인의 자유가 인정되어 각 세대가 갖는 연령에 대한 감각도 다른 현대, '나이에 걸맞다'는 것이 무엇을 의미하는지도 애매해지고 있습니다.

나이를 먹는 것은 나쁜 것일까요? 또 그것을 숨기려고 하는 것은 이상한 것일까요? 여러분의 생각은 어떻습니까?

1 • 이런 상태로는 정치가로서 미숙하다고 들어도 어쩔
　　수 없다.

　• 야마다 씨 부부는 올해 100만 명째 관광객으로서
　　대환영을 받았다.

　• (子供を優先して考える)のは、親として当然
　　のことだ。
　　(아이를 우선하여 생각하는) 것은 부모로서 당연한
　　일이다.

2 • 우리들은 퇴직 후의 생활에 대해서 서로 이야기했다.

　• 개인 정보 취급에 대해서는 세심한 주의를 기울여
　　야 한다.

　• (日本での就職の仕方)について詳しく教えて
　　ください。
　　(일본에서의 취직 방법)에 대해서 자세하게 가르쳐
　　주세요.

3 • 약속은 어떤 일이 있어도 지켜야 한다.

　• 수상한 사람을 발견하면, 바로 경찰에 신고해야 한다.

　• 自分の間違いに気づいたら、(素直に認める)
　　べきだ。
　　자신의 잘못을 알아차리면 (솔직하게 인정)해야 한다.

4 • 단지 잠깐 얼굴을 보러 왔을 뿐이다. 오래 있을 생
　　각은 없다.

　• 단지 앉아 있었을 뿐인데 선 순간, 허리에 격통이
　　지나갔다.

　• この店が気に入ったわけじゃない。ただ(近
　　いから来た)だけだ。
　　이 가게가 마음에 든 것이 아니다. 단지 (가까워서
　　왔을) 뿐이다.

Lesson 06
成功

성공을 바라지 않는 사람들

당대에 재산을 쌓아 올린 '벼락부자'를 대신해서 자주 쓰이게 된 것이 '셀러브리티'라는 단어. 영어의 Celebrity를 기초로 만들어졌으나, 최근에는 영어의 '유명하다, 저명하다'라는 의미가 변화하여, 유복하고 우아한 것, 또는 그러한 사람을 가리키게 되었습니다. 셀러브리티의 집이나 연예인의 셀러브리티한 생활 등이 왕왕 텔레비전에서도 소개되거나, 평소보다 업그레이드된 '프티 셀러브리티한 여행'과 같은 상품이 판매되기도 합니다.

이들 셀러브리티를 동경한다는 것은 지금까지 당연한 일로 치부되었습니다. 아직 본 적이 없는 유복하고 멋진 라이프 스타일을 손에 넣기 위해, 사람들은 성공을 목표로 삼아 왔던 것입니다. 특히 이러한 경향이 있는 것이 80년대에 청춘을 보낸, 이른바 버블 세대 사람들이었습니다.

그러나 최근에는 이러한 버블 세대 아이들에 해당하는 80년대 후반부터 90년대에 걸쳐 태어난 세대를 중심으로, '위를 지향하지 않는' 사람들이 늘고 있습니다. 예를 들어 그들은 자동차나 브랜드 상품, 해외여행에 흥미가 없습니다. 유학 등과 같이 자신의 능력을 향상시키는 행동에도 흥미가 적고, 고향에서 공부하고, 고향에서 취직을 하는 등, 고향 지향이 강하다는 것도 특징 중 하나입니다. 이 세대는 태어났을 때부터 풍부한 환경이었으며, 또한 철이 들었을 때에는 이미 불황이었습니다. 그리고 정보통신기술의 진보와 함께 당연하다는 듯이 인터넷을 접해 왔습니다. 이처럼 성숙한 시대에서 그들은 현실적인 장래를 내다보고 '성공 따위 하지 않아도 살아갈 수 있다'고 깨닫게 된 것입니다. 흥미롭게도, 그들의 생활에 대한 만족도는 과거의 젊은이들보다 높은 것이 명확합니다.

세대에 따라 '성공'의 정의는 다르고, 더욱이 '성공 따위 필요 없다'고 생각하는 사람도 있는 현대. 당신에게 있어 성공이란 무엇입니까?

1
- 오늘 수업은 야마다 선생님을 대신해서 사토 선생님이 담당합니다.
- 갑작스러운 병 때문에 사장을 대신해서 부사장이 기자 회견을 했다.
- (馬車)に代わって、自動車が人々の足になった。
  (마차)를 대신해서 자동차가 사람들의 발이 되었다.

2
- 이 작품은 어떤 사건을 기반으로 영화화되었다.
- 설문 조사 결과를 기반으로 지역 실태를 파악한다.
- 警察は、目撃者の証言をもとに(犯人の似顔絵を作成した)。
  경찰은 목격자 증언을 기반으로 (범인의 초상화를 작성했다).

3
- 이 드라마는 올해 4월부터 6월에 걸쳐 방송된 것이다.
- 오늘 오후, 간토에서 도호쿠에 걸쳐서 진도 3의 지진이 있었다.
- 朝7時から8時にかけて(駅前は車で大変混雑する)。
  아침 7시부터 8시에 걸쳐서 (역 앞은 차로 매우 혼잡하다).

4
- 신약 심사 결과는 다음 달 학회에서 발표된다.
- 인간관계를 원활하게 유지하는 것은 사회생활에서 매우 중요하다.
- A社の製品は、(安全性が高いという点)において、B社製より優れている。
  A사 제품은 (안전성이 높다는 점)에서 B사 제품보다 뛰어나다.

Lesson 07
家族(かぞく)

사이 좋은 부모 자식이 뭐가 나빠?

한 조사에 따르면, 최근의 일본의 대학생은 '부모와 사이가 좋다', '부모가 너무 좋다'고 하는 경향이 있다고 합니다. 부모 쪽만이 아니라, 자식 쪽에서도 나서서, 오늘은 이런 일이 있었다, 저런 일이 있었다고 대화를 하며, 그중에는 자신의 연애 상담을 하는 사람도 있다든가 뭐라든가. 또한, 부모를 존경해서 자신도 부모처럼 되고 싶다, 똑같은 가정을 꾸리고 싶다고 생각하고 있습니다.

이것은, 예전의 부모 자식 관계에서는 생각할 수 없었던 일입니다. 지금까지 부모 자식이란 상하관계로, 친구와 같은 수평적인 관계는 아니었습니다. 엄격한 부모에게 거역해 꿀밤을 맞는 일도 있는가 하면, 불합리한 결정에 따라야만 하는 경우도 있습니다. 그렇게까지 엄격하지 않다고 해도 부모에게 말할 수 없는, 말하고 싶지 않은 비밀 하나, 둘 정도는 모두 가지고 있었습니다. 또, 사춘기가 되면 부모에게 반항하고 싶은 기분이 싹터, 자신이 결정한 일에는 일일이 참견받고 싶지 않다고 생각하는 것이 보통이었습니다.

사이가 좋은 부모 자식은 인간과 인간의 관계라는 점에서 보면 아주 좋은 관계라고 말할 수 있습니다. 자녀는 안심감 속에서 사람으로써 자신을 긍정적으로 평가할 수 있게 될 것이며, 부모의 입장에서도 문제 행동을 일으키지 않고, 언제까지나 자신을 의지해 주는 자식은 귀여울 것임에 틀림없습니다. 그러나 한편으로는 이러한 관계에는 자녀의 반항기가 없다는 것도 지적되고 있습니다. 반항기란 본래, 언젠가는 부모로부터 자립해야 한다는 잠재의식으로부터 오는, 자녀의 자립을 위한 동물적인 본능입니다. 이것이 없다는 것은 자립할 필요성을 느끼지 않는다는 것입니다. 부모와 자식이 사이가 좋은 것은 자식의 부모로부터의 자립, 나아가서 자식에 대한 부모의 지나친 간섭이라는 문제로도 이어질 우려가 있습니다.

당신에게 있어 이상적인 부모 자식의 관계란 어떤 것입니까?

1 • 그녀는 영어도 말할 수 있는가 하면 스페인어도 말한다.

• 아버지는 술도 마시는가 하면 담배도 피우기 때문에 건강이 걱정이다.

• この時期は、(暖かい日もあれ)ば、寒い日もある。

이 시기는 (따뜻한 날도 있는가 하)면, 추운 날도 있다.

2 • 사장 명령은 싫어도 따를 수밖에 없다.

• 일을 그만두게 되어서, 아쉽지만 귀국하지 않을 수 없다.

• 携帯電話をなくしたので、(新しいのを買わ)ざるをえない。

휴대 전화를 잃어버렸기 때문에 (새로운 것을 사지) 않을 수 없다.

3 • 냉장고에 넣어 둔 멜론이 없다. 남동생이 먹었음에 틀림없다.

• 저 그룹은 소지품이나 행동으로 보았을 때 일본인 관광객임에 틀림없다.

• こんなに探しても見つからないのだから、(盗まれた)に違いない。

이렇게 찾아도 발견되지 않으므로 (도둑맞은) 것임에 틀림없다.

4 • 할인 제품은 싸지만, 품질이 나쁠 우려가 있다.

• 빨리 수술하지 않으면 때를 놓칠 우려가 있다.

• 工場が増えると、(川の水が汚染される)おそれがある。

공장이 늘어나면, (강물이 오염될) 우려가 있다.

Lesson 08
エコ時代

2 解答例

• 最近、大雨や洪水のニュースが多いので、「雨の降り方が激しくなった」と答える人が多くなると思う。

최근에 큰 비나 홍수 뉴스가 많아서 '비가 내리는 것이 격렬해졌다'고 응답하는 사람이 많아질 것이라고 생각한다.

3 解答例

• 春なのにTシャツで過ごせる日が多くなった。

봄인데 티셔츠로 지낼 수 있는 날이 많아졌다.

• 冬に川が凍ることがなくなった。

겨울에 강이 얼지 않게 되었다.

이상적인 삶, 슬로 라이프

여러분은 '슬로 라이프'에 관심이 있습니까? 슬로 라이프라고 하면, 바쁜 도시의 '패스트 라이프'에서 벗어나 스트레스로부터 해방된다는 이미지가 강할지도 모르겠습니다. 그뿐만이 아니라, 슬로 라이프는 환경 보호로 이어지는 면도 갖고 있습니다.

지구 온난화 문제의 주된 원인은, 이산화탄소를 비롯한 온실효과 가스의 증가입니다. '푸드 마일리지'라는 점에서 보면, 일본이나 한국과 같은 식량 수입국에서는 자국 내 관측치보다도 더욱 많은 가스를 배출하고 있다고 여겨지고 있습니다. 푸드 마일리지라는 것은, 식탁 위의 먹거리가 그곳에 운반되기까지의 거리를 말하는 것으로, 어떤 조사에서는 일본이 1위, 한국이 2위였습니다. 가능한 한 식량의 수입을 피하고, 지역의 것을 그 지역의 사람들이 먹는, '지역 생산 지역 소비'의 생활을 실천하는 것이, 결과적으로 온실효과 가스의 배출을 억제하는 것이 됩니다. 또, 자동차를 사용하지 않는 것도 실천의 하나입니다. 최근에는 자동차 대신에 자전거로 출퇴근을 하는 회사원이 늘고 있다고 합니다. 확실히 자동차로 이동하는 것보다는 시간이 걸릴지도 모르지만, 자전거를 타는 것은 운동도 되고 환경 보호에도 도움이 되는, 일석이조의 방법이라고 할 수 있겠지요. 이렇게 보면, 환경 보호라는 것은 한 사람 한 사람이 슬로 라이프의 의식을 갖는 것만으로 간단히 실천으로 옮길 수 있다는 것을 알 수 있습니다.

그러나, 현실의 우리들은 사고방식을 바꾸는 것이 가능할까요? 비행기나 인터넷, 냉장고 등, 빠르고 편리한 생활에 익숙해져 버린 우리들에게는, 조금의 불편함도 커다란 스트레스가 될 수 있습니다. 또, 고도성장기 이전의 서민의 생활은 요즘 말을 빌리자면 슬로 라이프였다고 할 수 있으나, 시대에 역행하는 것은 부자연스럽다고 하는 의견도 있습니다.

당신은 슬로 라이프를 받아들일 수 있습니까?

表現を広げよう

1 • 여름밤이라고 하면 불꽃놀이다. 여름은 본오도리나 축제 등 이벤트가 많다.

• 옛날 일본인은 꽃이라고 하면 벚꽃을 떠올렸다.

• 外国(がいこく)では、日本料理(にほんりょうり)といえば、(寿司(すし)や刺身(さしみ))がよく知(し)られている。

외국에서는 일본 요리라고 하면 (초밥이나 회)가 잘 알려져 있다.

2 • 그는 수학을 비롯한 이과 과목을 잘한다.

• 레몬을 비롯한 많은 과일에는 비타민C가 함유되어 있다.

• (明洞(ミョンドン))をはじめとするソウルの観光地(かんこうち)は、いつも人(ひと)でいっぱいだ。

(명동)을 비롯한 서울의 관광지는 항상 사람으로 가득이다.

3 • 봄을 향하여 따뜻해지고 있다.

• 그녀의 병은 호전되고 있다.

• 若(わか)い人(ひと)が都会(とかい)へ出(で)て行(い)くため、田舎(いなか)は(人口(じんこう)が減(へ)り)つつある。

젊은 사람이 도시에 나가기 때문에 시골은 (인구가 줄어)들고 있다.

4 • 열사병은 실내에서 조용히 있어도 충분히 일어날 수 있다.

• 인생 문제에서는 누구나가 납득할 수 있는 답을 내는 것이 어렵다.

• この広(ひろ)い宇宙(うちゅう)のどこかには、(宇宙人(うちゅうじん)がいる)こともあり得(え)る。

이 넓은 우주의 어딘가에는 (우주인이 있다)는 것도 있을 수 있다.

みんなで考えよう

解答例

A 62g   B 6g   C 13g   D 3g

E 65g   F 37g   G 52g   H 15g

Lesson 09
福祉(ふくし)

ウォーミングアップ

3 ④
(飼(か)い主(ぬし)を助(たす)けること以外(いがい)では働(はたら)くようにしつけられていないため)

フリートーキング 1

1 解答例
① 浴室(よくしつ)：手(て)すりの設置(せっち), 浴槽(よくそう)をまたぎやすい高(たか)さにする, 床(ゆか)を滑(すべ)りにくい材質(ざいしつ)にする, 入浴介助(にゅうよくかいじょ)のためのスペースを確保(かくほ)する, 暖房器具(だんぼうきぐ)の設置(せっち)
② トイレ：洋式(ようしき)に取(と)り替(か)える, 手(て)すりの設置(せっち), 介助(かいじょ)できるスペースを確保(かくほ)する, 外(そと)からも開錠(かいじょう)できるようにする, 暖房器具(だんぼうきぐ)の設置(せっち), 万(まん)が一(いち)のための緊急呼(きんきゅうよ)び出(だ)しブザーの設置(せっち)
③ 出入(でい)り口(ぐち)：段差(だんさ)をなくす, 引(ひ)き戸(ど)にする
④ 廊下(ろうか)：手(て)すりの設置(せっち), 床(ゆか)を滑(すべ)りにくい材質(ざいしつ)にする, 明(あか)るさの確保(かくほ)
⑤ 階段(かいだん)：手(て)すりの設置(せっち), 勾配(こうばい)の緩和(かんわ), 段差(だんさ)を小(ちい)さくする, 踏(ふ)み面(めん)を広(ひろ)くとる, 踏(ふ)み面(めん)に滑(すべ)り止(ど)めを敷(し)く
⑥ キッチン：腰掛(こしか)けられる場所(ばしょ)の確保(かくほ), 明(あか)るさの確保(かくほ), 床(ゆか)を滑(すべ)りにくい材質(ざいしつ)にする, 蛇口(じゃぐち)を小(ちい)さな力(ちから)でも使(つか)えるレバー式(しき)にする, 火災報知機(かさいほうちき)などの安全設備(あんぜんせつび)の確保(かくほ)

① 욕실: 난간 설치, 욕조를 들어가기 쉬운 높이로 조정하기, 바닥을 잘 미끄러지지 않는 재질로 하기, 입욕을 보조하기 위한 공간을 확보하기, 난방 기구 설치

② 화장실: 양식으로 바꾸기, 난간 설치, 보조할 수 있는 공간을 확보하기, 바깥에서도 잠긴 문을 열 수 있도록 하기, 난방 기구 설치, 만일을 위한 긴급 호출 버저 설치

③ 출입구: 높낮이 차이를 없애기, 미닫이문으로 하기

④ 복도: 난간 설치, 바닥을 잘 미끄러지지 않는 재질로 하기, 밝기 확보

⑤ 계단: 난간 설치, 경사의 정도를 완화, 높낮이를 작게 하기, 디딤판을 넓게 확보하기, 디딤판에 미끄럼 방지 장치를 깔기

⑥ 주방: 앉을 수 있는 장소 확보, 밝기 확보, 바닥을 잘 미끄러지지 않는 재질로 하기, 수도꼭지를 작은 힘으로도 사용할 수 있는 레버식으로 하기, 화재통보기 등의 안전 설비 확보

2 解答例
- 段差がなく、車いすでも乗れるバス
  높낮이의 차이가 없어서 휠체어로도 탈 수 있는 버스

フリートーキング2

고독의 나라, 일본

'포식의 나라'라고 불리는 21세기의 일본에서, 31세의 여성이 자택에서 아사했다는 뉴스가 보도되었다.

그녀의 방의 전기나 가스, 수도와 같은 라이프 라인은 모두 스톱. 집세는 체납되었고, 냉장고에는 마요네즈의 빈 용기밖에 들어 있지 않는 등, 고통스러운 생활이었다는 것이 나중의 조사로 밝혀졌다. 여성은 본래 부친의 생명 보험을 깨서 생활을 하고 있었으나, 그 저금도 바닥을 드러내고 말아 의지할 사람도 없이 조용히 죽어 갔다. 죽기 4개월 전, 여성이 구청의 생활 보호 창구에 상담하러 방문하였더니, 담당자는 '보험금이 없어졌을 때 다시 상담하러 와 주었으면 좋겠다'고 대응했다. 그러나, 그 후, 두 번 다시 그녀가 창구에 오는 일은 없었다고 한다.

그녀가 그 이상 구청에 도움을 요청하지 않았던 것은 어째서일까? 그것은, 일본의 '민폐다'라는 단어가 갖는 소외감에 원인이 있는 것은 아닐까? 일본인은 누군가에게 의지하거나, 빚을 지거나 하는 것을 극도로 부끄럽다고 생각하는 경향이 있다. 어렸을 때부터, '남에게 폐를 끼치는 것만큼은 하지 말라'고 교육받고, 가족이라도 좀

처럼 의지하기 어렵다. 그러한 문화가 있는 것뿐만이 아니라 요즘은 실패한 자, 노력하지 않는 자에 대한 관용이 사라져 가고 있다.

'자조(自助)>공조(共助)>공조(公助)'라고 하는 것은, 복지의 우선순위를 나타낸 것이다. 즉, '자기책임' 다음에 '친족의 부양이나 지역 사회에서의 공조', 마지막의 마지막에 '생활 보호'가 온다. 그러나, 지금의 사회는 자조(自助)만이 강조되어, 공조(共助), 공조(公助)로 이어지는 구조가 제대로 기능하지 않고 있다. 약자의 목소리가 확실히 도달하는 사회 시스템을 어떻게 구축해 가면 좋을까? 일본 사회는 지금, 기로에 서 있다.

表現を広げよう

1
- 계단을 내려가려다, 발을 헛디디고 말았다.
- 그 사고에 대해서 조사한 바, 전방 부주의가 원인이었다는 것을 알았다.
- (留学について相談してみ)たところ、母は喜んで賛成してくれた。
  (유학에 대해서 상담해 본) 바, 엄마는 기쁘게 찬성해 주었다.

2
- 신문에 의하면, 태풍으로 다친 사람이 많이 나왔다고 한다.
- 이 근처는 옛날에 논밭뿐인 아무것도 없는 평지였다고 한다.
- 兄からのメールでは、(最近とても忙しくて毎日残業だ)という。
  형에게 온 메일에는 (최근에 매우 바빠서 매일 야근이)라고 한다.

3
- 그녀는 사람을 겉모습만으로 판단하는 경향이 있다.
- 그녀는 사랑이 없는 가정에서 자라서 인간 불신의 경향이 있다.
- 人は年を取ると、(周りの人の忠告に耳を貸さなくなる)きらいがある。
  사람은 나이가 들면, (주위 사람의 충고에 귀를 기울이지 않게 되는) 경향이 있다.

4
- 그 사람의 이야기는 긴 데다가 듣고 있어도 요점을 전혀 파악할 수 없다.
- 이 마을은 싼 가게가 많은 데다가 교통도 편리해서 사람이 모인다.

- 昨日は(道に迷った)うえに、雨にも降られて散々な一日だった。

  어제는 (길을 헤맨) 데다가 비도 맞아서 지독한 하루였다.

A 口を鍛えるために使う。茶色い器具を口に入れて、口を締めるトレーニングをする。

B お風呂の浴槽にすべらないで入るために使う。器具をお風呂の縁に置いて、丸い部分に座る。赤い手すりに捕まりながら座った部分を回転させて浴槽に入る。

C 体のストレッチをするために使う。仰向けに寝て背中を伸ばしたり、開いた足の間に入れて転がしたりしてリハビリする。

D バランス感覚を保つために使う。スプーンに卵を置いて、落とさないように歩く。競争もできる。

E 音楽を簡単に楽しむために使う。たたくと音がする。左からドレミファソラシドの音が出るようになっている。

F 手の筋肉を鍛えるために使う。右手、左手に一つずつ持って、握ってリハビリする。

Lesson 10
伝統文化

1 ④
① 建国記念日：2月11日
② 憲法記念日：5月3日
③ 子供の日：5月5日
④ クリスマス：12月25日, 祝日ではない

1 3位：初売り / 福袋
4位：年賀状
6位：初詣
7位：おせち料理
9位：箱根駅伝
11位：お雑煮

교토는 누구의 것?

이전에 교토 역의 건물이 현대적인 빌딩이 되었을 때, TV 인터뷰에서 도쿄에 거주하는 회사원이 '너무 유감스러운 일이다'라고 말한 적이 있다. 대체, 어떻게 그런 말을 할 수 있는지, 나는 놀라움과 분노를 느끼며 TV를 보았다.

나는, '교토의 아름다운 경관을 남겨야 한다'는 작금의 풍조를 평소 의문스럽게 생각해 왔다. 물론, 수많은 문화재를 마음 내키는 대로 파괴하고 그 철거지에 고층 빌딩을 세워도 상관없다고는 생각하지 않는다. 그러나, '아름다운 경관'이란 무엇을 가리키는 것일까? 10년 정도 전부터 유명한 캐치프레이즈와 함께 방송되고 있는 철도 회사의 광고가 있는데 거기에 등장하는 교토는 봄은 벚꽃, 가을은 단풍이 아름다운, 잊혀 가던 일본인의 마음을 다시 되찾을 수 있는 마을이라는 이미지이다. 결국은, 관광객으로 방문했을 때 실망하고 싶지 않다는 것은 아닐까? 그곳에서 생활하고 있는 사람의 마음을 생각해 본 적이 있는 걸까? 나는 의문이 들지 않을 수 없다.

게다가, 교토의 '아름다운 경관'이란 대체 언제 적 일을 가리키는 것일까? 교토가 지금과 같은 경관이 된 것은 겨우 요 근래 수십 년 전일 것이다. 교토는 1200년이라는 긴 역사를 갖고 있다. 1200년에 걸쳐 그 모습은 다양하게 바뀌어 왔으며, 요 근래 수십 년의 모습은 천백몇십 년 만에 나타난, 그저 하나의 풍경인 것이다. 그것을 영원히 보존하려고 하는 것은, 자기만족에 지나지 않는다고 생각한다. 교토의 경관을 보존하려고 하는 사람들이 사랑하는 것은, 현재 살아 있는 교토라는 마을은 아닌 것이다.

역사와 함께 계속 변화하는 것, 그것이 교토의 진정한 매력이라고 나는 생각한다. 교토만이 아니다. 관광 도시를 모조품 도시로 만들어 버리는 것에, 나는 반대한다.

表現を広げよう

1 • 이런 비싼 가격을 매긴다는 것은 너무나도 비상식적이지 않을까?

• 어쩌면, 나는 속고 있는 것이 아닐까?

• 彼女(かのじょ)は、知(し)らないふりをしているが、実(じつ)は (全部知っている(ぜんぶ))のではあるまいか。

그녀는 모르는 척하고 있지만 실은 (전부 알고 있는) 것이 아닐까?

2 • 가려워서 가려워서 긁지 않을 수 없다.

• 곤란해하는 할머니를 보고 말을 걸지 않을 수 없었다.

• 私(わたし)は、ストレスがたまると、(酒を飲ま(さけ)(の))ずにはいられない。

나는 스트레스가 쌓이면, (술을 마시지) 않을 수 없다.

3 • 공사 때문에 약 3킬로에 걸쳐 정체가 이어지고 있다.

• 정전 때문에 수 시간에 걸쳐 컴퓨터를 사용할 수 없게 되었다.

• 競技大会(きょうぎ)(たいかい)は、(明日から7日間(あした)(なのかかん))にわたって開催(かい)(さい)される。

경기 대회는 (내일부터 7일간)에 걸쳐 개최된다.

4 • 일본어를 할 수 있다고 해도 히라가나를 읽을 수 있을 정도밖에 안된다.

• 샌프란시스코 인구는 뉴욕의 겨우 10분의 1에 지나지 않는다.

• 怪我(けが)といっても、(足をちょっと擦りむいた(あし)(す))に過(す)ぎない。

다쳤다고 해도 (발을 좀 스친) 정도에 지나지 않는다.

Lesson 11
食(しょく)の安全(あんぜん)

フリートーキング2

먹거리 안전, 어떻게 지키지?

첨가물이 들어 있지 않다고 해서 팔리고 있던 상품에, 사실은 첨가물이 들어 있었다. 소비 기한이 지난 상품을 날짜를 속여서 팔고 있었다. 이러한 식품의 안전을 둘러싼 스캔들이 매스컴에서 크게 보도되게 된 이래로, 소비자가 식품의 안전에 대해 특별히 신경을 쓰게 되었습니다. 그러나, 과민하게 반응한 결과, 회사의 경영을 압박하는 경우가 늘고 있습니다.

한 식품 제조사에, 인스턴트 면 봉지가 부풀어 있다는 클레임이 들어왔습니다. 곧바로 조사한 결과, 원인은 분말수프에 들어 있는 효모균의 아주 적은 분량 실수. 보건소의 판단으로는 건강에는 해가 없다는 것이었습니다. 실수가 있었다고는 하나, 건강상의 문제는 없고, 게다가 부푼 것은 일부 상품뿐. 그러나 식품 제조사로서의 신용을 지키기 위해 상품 전체를 회수했습니다. 회수를 위해 든 비용은 5000만 엔. 이 회사는 한 번의 리콜 때문에 도산 직전까지 몰리고 말았습니다.

더욱이 최근에는 소비자로부터 말도 안 되는 클레임도 증가하고 있다고 합니다. '마시다 만 주스를 직장 사물함에 보관한 후 열흘 뒤에 마시고 배탈이 났다', '병 맥주를 밀폐해서 냉동고에 넣어 두었더니 병이 깨졌다'. '요리주(맛술)를 마시고 있으나 맛이 없다' 등등. 소비자의 일반 상식, 즉 생활력이 저하되고 있는 것도, 대량 리콜의 하나의 원인이 되고 있습니다. 이러한 클레임에도 제조사는 모두 대응을 해야만 합니다.

하지만, 자신의 몸을 지키는 것은 오직 자신뿐. 무엇이든 봐주게 되면 언제 위험한 일을 당하게 될지 알 수 없습니다. 상품을 제공하는 쪽에도 부담이 되지 않고, 소비자 쪽의 안전도 지킬 수 있는 그런 관계를 만들기 위해서는 아직 과제가 남아 있는 것 같습니다.

表現を広げよう

1 • 이 소설은 한 사람의 여성을 둘러싼 삼각관계를 그린 것이다.

• 유산 상속을 둘러싼 싸움은 매년 증가하는 경향이 있다.

- (原子力発電所の建設)をめぐる議論は、まだ
  まだ終わりそうにない。
  (원자력발전소의 건설)을 둘러싼 논의는 아직 끝날
  것 같지 않다.

2 • 자취를 시작한 이래, 거의 매일 외식이 계속되고 있다.
  • 결혼한 이래, 한 번도 부부 여행을 간 적이 없다.
  • 日本に来て以来、(よく歩くようになった)。
    일본에 온 이래 (자주 걷게 되었다).

3 • 가짜라고는 하나 이 그림은 잘 그려졌다.
  • 시험이 끝났다고는 하나 놀고만 있을 수는 없다.
  • (栄養がある)とはいえ、食べ過ぎは体に良く
    ない。
    (영양이 있다)고는 하나 과식은 몸에 좋지 않다.

4 • 잠이 부족한 탓에 머리가 멍하다.
  • 잘 확인하지 않은 탓에 이름 읽는 법을 틀리고 말
    았다.
  • (隣の友達がふざけた)せいで、私まで先生に
    叱られた。
    (옆 친구가 까분) 탓에 나까지 선생님에게 야단맞
    았다.

みんなで考えよう

1 • 洋食編
  和風ハンバーグ (530kcal)
  カレーライス (805kcal)
  ビーフシチューオムライス (1226kcal)
  • 丼編
  ねぎとろ丼 (614kcal)
  牛丼 (674kcal)
  天丼 (778kcal)
  • デザート編
  ソフトクリーム&コーヒーゼリー (264kcal)
  フルーツヨーグルト (365kcal)
  パンケーキ (473kcal)

Lesson 12
就職・転職

フリートーキング2

행복한 취직이란 무엇일까?

세이지는 두 개의 회사 사이에서 고민하고 있다. 하나는, 그럭저럭 이름이 알려진 식품 제조사. 또 하나는 종업원이 불과 6명인 토목 회사.

취직 활동 중인 일반적인 대학생이라면 망설이지 않고 큰 회사를 고를 것이다. 대기업이라면 우선 급료가 안정되어 있고, 사원이 쓸 수 있는 복리 제도도 제대로 정비되어 있다. 회사는 큰 쪽이 좋다는 말은 학생 시절의 세이지였다면 코웃음을 쳤겠지만, 지금의 세이지에게는 그 안정감이 너무도 잘 이해된다. 그도 그럴 것이 세이지는 대학 졸업 후, 그 해 졸업자로서 바로 취직한 적이 한 번 있다. 그 회사도 대기업이었다. 그러나, 쓸데없이 긴 사원 연수나 말이 통하지 않는 상사에게 넌덜머리가 난 나머지, 단 3개월 만에 그만두고 말았던 것이다. 그 후는 지옥의 나날이었다. 새롭게 지원한 회사는 100곳을 넘는다. 하지만 내정은 1년 반 동안 하나도 받지 못했다. 솔직히 식품 관련은 흥미가 있는 분야는 아니지만, 이 안정감은 돈을 주고서라도 갖고 싶다.

한편으로, 세이지는 취직 활동을 하는 한편 생활비를 벌기 위해 일당이 좋은 토목 공사 아르바이트를 시작했다. 육체 노동 정도야라는 생각에 처음에는 무시하였지만, 사장인 작업반장은 핑계만 대고 도움이 되지 않는 자신을 기초부터 단련시켜 주었다. 함께 일을 하는 동료들은 팀워크를 우선으로 생각하여 작업이 늦어지고 있으면 협력해서 야근을 하고, 누군가에게 곤란한 일이 있으면 손익계산 없이 곧바로 도와주는 멋진 동료들이었다. 일을 한다는 것은 즐거운 일이구나라고 세이지는 깨닫게 되었다. 그 즈음, 사장으로부터 작업을 관리하는 쪽의 정사원이 되지 않겠냐는 제안을 받았다.

이것은 어느 소설의 한 장면입니다. 결국, 세이지는 토목 회사를 선택하게 됩니다. 대우보다도 일하는 보람을 따져 일을 고른 것인데, 그 후 세이지는 충실한 회사 생활을 보낼 수 있을까요?

表現を広げよう

1 • 걱정한 나머지 어젯밤은 거의 자지 못했다.
  • 서점에서 찾은 그림책을 그리운 나머지 충동구매
    해 버렸다.

- 맛에 집착한 나머지 아버지는 일부러 먼 가게까지 먹으러 갔다.
- 楽しさのあまり、(時が経つのを忘れてしまった)。

  즐거운 나머지 (시간이 가는 것을 잊어버렸다).

2 • 운전은 배웠지만, 완전히 잊어버렸다.
  - 에어컨을 샀지만, 예년과 같이 덥지 않은 여름이라 거의 사용하지 않는다.
  - 격려를 받았지만, 할 마음이 생기지 않는 것은 곤란하다.
  - 頭ではわかっているものの、(朝はどうしても早く起きられない)。

    머리로는 알고 있지만, (아침에는 도저히 빨리 일어나지 못한다).

3 • 부인은 가사를 하는 한편, 다도를 배우는 데 힘쓰고 있다.
  - 장 씨는 일본어를 공부하는 한편, 친구에게 중국어를 가르치고 있다.
  - 나는 회사를 경영하는 한편, 취미로 작곡 활동을 하고 있다.
  - 田中さんは、(公務員として働く)かたわら、画家としても活躍している。

    다나카 씨는 (공무원으로서 일하는) 한편, 화가로서도 활약하고 있다.

みんなで考えよう

- 性格要素（せいかくようそ）

① 頭（あたま）が良（よ）い　② 発想力（はっそうりょく）がある
③ 段取（だんど）り力（りょく）がある　④ 向上心（こうじょうしん）がある
⑤ 行動力（こうどうりょく）がある　⑥ 表情（ひょうじょう）が豊（ゆた）かだ
⑦ 話（はな）し上手（じょうず）　⑧ 聞（き）き上手（じょうず）
⑨ 親切（しんせつ）　⑩ リーダー資質（ししつ）がある
⑪ 空気（くうき）が読（よ）める　⑫ 情報通（じょうほうつう）
⑬ 根性（こんじょう）がある　⑭ 責任感（せきにんかん）がある
⑮ プライドが高（たか）い　⑯ 自信家（じしんか）
⑰ 頑固（がんこ）　⑱ 真面目（まじめ）　⑲ 慎重（しんちょう）

Lesson 01　ペット

메모

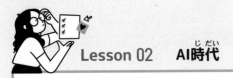

Lesson 03　教育
きょういく

メモ

Lesson 04　イベント

메모

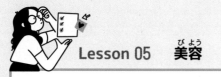

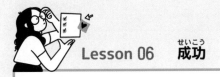

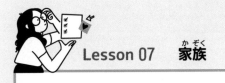

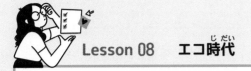

でんとう ぶん か

메모

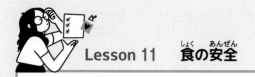

Lesson 11　食<ruby>しょく</ruby>の安<ruby>あんぜん</ruby>全

메모

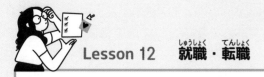

Lesson 12 就職 · 転職
しゅうしょく　てんしょく

2ND EDITION 다락원
뉴코스 일본어

STEP 6

지은이 조영남, 채성식, 아이자와 유카, 나카자와 유키, 고마쓰 나나
펴낸이 정규도
펴낸곳 (주)다락원

초판 1쇄 발행 2014년 7월 7일
개정1판 1쇄 인쇄 2023년 9월 13일
개정1판 1쇄 발행 2023년 9월 25일

책임편집 신선정, 송화록
디자인 장미연, 김희정
일러스트 오경진

다락원 경기도 파주시 문발로 211
내용문의: (02)736-2031 내선 460~466
구입문의: (02)736-2031 내선 250~252
Fax: (02)732-2037
출판등록 1977년 9월 16일 제406-2008-000007호

ISBN 978-89-277-1283-1 14730
       978-89-277-1277-0 (set)

http://www.darakwon.co.kr

- 다락원 홈페이지를 방문하시면 상세한 출판 정보와 함께 동영상강좌,
  MP3 자료 등 다양한 어학 정보를 얻으실 수 있습니다.